UN EQUIPO GANADOR

SECRETOS PARA PAREJAS QUE QUIEREN GANAR EN EL **JUEGO DEL DINERO**

ANDRÉS PANASIUK

GRUPO NELSON
Desde 1798

DEDICATORIA

A mis hermanos y amigos de todo el continente –como la Fundación Principios de Vida, en Paraguay, o la Universidad de la Familia, en Brasil– que lo han dado todo con el fin de traer vidas saludables a los matrimonios de nuestra querida Latinoamérica.

CONTENIDO

UNA CARTA DE AMOR...

Nadie se casa para divorciarse. Sin embargo, en ese camino andábamos Rochelle y yo a comienzos de la década del 90, solo tres años después de prometernos amor para toda la vida.

Lo peor de todo es que luego de recorrer casi tres millones de kilómetros alrededor del mundo, y a pesar de no tener un estudio científico que me apoye, mi experiencia me dice que no estábamos solos. Creo que un alto porcentaje de parejas que se divorcian (quizás entre el 60 y el 70%) apuntan a problemas de dinero como parte del proceso del divorcio, y una buena cantidad (entre el 40 y el 45%) se deben estar divorciando primordialmente por cuestiones económicas.

Ese era el caso de Juan Carlos, un conocido asesor legal del presidente de la república en un país latinoamericano. Lo respetaban, apreciaban, escuchaban y reconocían como un líder de pensamiento en su nación. También había hecho algo de dinero. En realidad, bastante. Tenía dos empresas, varios autos, un chofer y, cuando me vino a ver a mi hotel, estaba a punto de divorciarse de su tercera esposa.

Allí estaban los dos, en la madrugada de un lunes invernal, tratando de evitar a la prensa del lugar, sentados frente a mí con un café con leche de por medio. Juan Carlos y María Rosa hacían una hermosa pareja: educados, sofisticados y bien conectados en la sociedad. Sin embargo, su matrimonio se encontraba abrumado bajo el peso del caos económico que habían cosechado como consecuencia de una serie de malas decisiones a nivel personal.

Algo no andaba bien en la vida de mis buenos amigos latinoamericanos. A pesar de tener fama, fortuna y el respeto de la comunidad, sus vidas se les estaban cayendo a pedazos. Cuando la crisis económica entró por la puerta del frente, el amor pareció haber salido por la de atrás.

Luego de escucharlos atentamente por unos quince minutos de explicaciones, recuerdo haberles pedido hacer una pausa y con mucho cariño decirles: «Me parece que el problema que ustedes tienen no es financiero; es un problema de pareja». Los miré a los ojos y agregué: «Los dos están jugando... y están jugando con todas las ganas del mundo. Pero el problema es que están jugando en canchas distintas».

Juan Carlos estaba manejando los negocios por su lado, sin consultar con la esposa. Ella le había dicho que no estaba de acuerdo con la forma en que sus hijos de matrimonios anteriores lo manipulaban emocionalmente para sustraerle dinero y posiciones de trabajo, pero Juan Carlos no hacía caso de sus consejos.

Por otro lado, María Rosa había tomado unos 70.000 dólares de una cuenta familiar sin consultar con su esposo para lanzar el negocio de sus sueños. Sin embargo, como no tenía ninguna experiencia en ese tipo de negocios, pronto se metió en serios problemas de deudas, y el «Titanic», en la medida en que se estaba hundiendo, se llevaba al fondo del mar los recursos familiares y los negocios de Juan Carlos.

Él se resentía por las decisiones económicas de ella. Ella por las de él. Y en medio del caos financiero, el vínculo matrimonial estaba bajo altos niveles de presión.

Recuerdo que les recomendé: «Si ustedes quieren salvar su matrimonio y su vida económica, lo primero que tienen que hacer es comprometerse "a muerte" a participar **juntos** en el juego de la vida: no solo deben comenzar a jugar en la misma cancha, sino también ponerse la misma camiseta y patear en la misma dirección».

Las parejas más exitosas que conozco en el mundo, ¡y conozco a unas cuantas!, funcionan como un equipo, como un solo cuerpo. En ese lugar, se pasa de tener energía a tener sinergia: un sitio en el que uno más uno ya no es dos, sino que puede ser dos y medio o tres...

Por desgracia, eso no es lo que muchos de nosotros hemos visto en casa o la sociedad en general. En la actualidad se tiende a enseñarnos a funcionar como dos individuos que vivimos bajo un mismo techo y no como una pareja. A buscar nuestros propios intereses y metas en vez de trabajar juntos para cumplir las metas de la familia, y eso lleva al desastre.

El asesor financiero certificado Jason Crowley, escribiendo para *Survive Divorce* [Sobrevive al divorcio], plantea que el dinero es la razón número UNO por la que los matrimonios terminan en divorcio en Estados Unidos.[1] No creo que las estadísticas sean muy diferentes en el resto de las naciones del mundo de habla hispana. Pienso que, por lo menos, el dinero se debe encontrar entre las tres primeras causas de divorcio en la mayoría de nuestros países.

Considero que la razón es clara: el dinero toca transversalmente todas las áreas de nuestra vida. Entonces, el problema del dinero, en el fondo, no es una causa, sino un **síntoma.** Como pareja, tenemos dificultades para trabajar juntos, para estar bien alineados, para funcionar como un solo cuerpo, como un **equipo**.

Por esa razón escribí este libro. Creo que la historia de ustedes como pareja puede ser diferente. Ustedes no tienen que pasar por los mismos contratiempos que el resto del mundo. Y, si me lo permites, te voy a mostrar no solo cómo evitar problemas en el futuro, sino también te daré un plan de acción para ganar en el juego económico de la vida.

Rochelle y yo los amamos. Hemos dedicado nuestras vidas a traer sanidad financiera a millones de personas alrededor del mundo y, ahora, queremos también traer prosperidad integral a tu pareja y tu familia. Este libro será un mapa, una guía, una brújula. Las ideas que voy a ofrecerte han sido probadas en el tiempo. Funcionan, créeme.

El libro ha sido escrito para leerlo en pareja. Léanlo juntos. Si me hacen caso, su vida de pareja no será igual a la de sus padres, sus familiares y amigos. Caminarán por un sendero distinto, andarán por un camino diferente, valorarán cosas más importantes y tomarán decisiones que los llevarán en la dirección de la prosperidad integral.

Gracias por permitirme entrar en tu vida matrimonial y en la de tu familia. Es un honor contarte los secretos que hemos aprendido en los últimos veinticinco años para construir **un equipo ganador** cuando estemos en el juego económico de la vida. Caminemos juntos a través del proceso de crear un matrimonio más próspero que el de nuestros padres.

Atlanta, Estados Unidos, otoño del 2021

UN EQUIPO DE PRIMERA

DOS SON MEJORES QUE UNO

Hace varios años escribí un libro titulado *El hombre más rico del mundo*. Estudiaba la historia del famoso Suleimán, o Salomón, como lo llamamos en Occidente, y leía los conocidos proverbios del Medio Oriente que se escribieron hace tres mil años para orientarnos sobre cómo triunfar en el siglo veintiuno.

Uno de los libros que revisé en mi trabajo de investigación fue el llamado *Qohéleth* [Asambleísta o Predicador], de autor anónimo, normalmente atribuido a Salomón, y que ha servido de inspiración y guía a millones de personas durante milenios. Encontré una versión fácil de leer del hebreo antiguo y descubrí en una de sus páginas estas ideas del autor:

> Más valen dos que uno, pues mayor provecho obtienen de su trabajo. Y si uno de ellos cae, el otro lo levanta. ¡Pero ay del que cae estando solo, pues no habrá quien lo levante! Además, si dos se acuestan juntos, uno a otro se calientan; pero uno solo, ¿cómo va a entrar en calor? Uno solo puede ser vencido, pero dos podrán resistir. Y además, la cuerda de tres hilos no se rompe fácilmente.[1]

Me parece increíble que palabras como estas se hayan escrito hace unos dos mil o tres mil años. Realmente, son ideas de vanguardia en nuestro mundo económico. Hoy, más que nunca, colaborar es mucho más importante que competir. Trabajar juntos rinde mucho más que hacerlo separados.

Cuando uno dice que «la cuerda de tres hilos no se rompe fácilmente» está afirmando que la fortaleza final de una trenza es más grande que la suma de sus partes. Eso, en el mundo de los negocios, se llama *sinergia*, la cual hace que dos más dos ya no sea cuatro, sino cuatro y medio, cinco o incluso ¡seis!

La sinergia es un concepto poderoso que nos permite lograr cosas que parecen imposibles. Las parejas que trabajan bien ajustadas en el ámbito de las finanzas no experimentan energía, experimentan sinergia, logran cosas que a otras parejas les parece imposible alcanzar.

Si tienes un teléfono a mano y usas la aplicación para leer códigos QR, puedes ver un ejemplo de sinergia en la presentación del grupo musical-humorístico Les Luthiers. Cada uno de los miembros de este famoso grupo argentino es un excelente actor, cantante, comediante y músico. Sin embargo, cuando unen sus talentos, no solo crean buena música, sino que lo hacen generando una vocalización inusual, un mensaje cómico y un acompañamiento musical totalmente inesperado de instrumentos inventados por ellos mismos.

Mira, por ejemplo, este video histórico del grupo. Aquí puedes ver la mezcla de la actuación en parodia, el uso de las ideas prejuiciosas que todos tenemos sobre diferentes culturas para generar el humor, la actuación en equipo y la combinación de diferentes estilos musicales utilizando una variedad de instrumentos extraños.

Separados, lo harían muy bien. Juntos, han sido un fenómeno en el mundo del humor y el de la música. Comienza con un monólogo de 7 minutos, 25 segundos, seguido por la interpretación musical.[2]

Ya sea que queramos hacer humor o ganar en el juego financiero de la vida, cuando trabajamos en equipo jugamos siempre mejor. Las fortalezas de unos vienen a apoyar las debilidades de otros y, a la vez, las fortalezas de los otros apoyan nuestras áreas débiles. Si jugamos bien, hacemos un equipo de fortalezas, ¡y nadie nos puede parar!

Los ganadores de los mundiales de fútbol no son, normalmente, la suma de sus estrellas. Los que ganan los mundiales son aquellos equipos en los que sus miembros logran ajustarse y forman un todo. Esos son los equipos imparables.

El miércoles 25 de noviembre de 2020 falleció la estrella del fútbol argentino Diego Armando Maradona. Maradona hizo goles increíbles a lo largo de su vida. Sin embargo, y a pesar de que han habido otros goles increíbles a través de los años del mundial, a él le tocó protagonizar uno de los mejores goles en la historia de los mundiales de fútbol.

Era un partido contra Inglaterra, un 22 de junio del año 1986, apenas unos años después de haber concluido el enfrentamiento armado entre esos dos países por las islas del Atlántico Sur. Fue un gol muy emocionante para los argentinos. Y, de acuerdo con la Academia Nacional de Entrenadores de Fútbol de Madrid, España, el mejor gol en la historia de los mundiales.

Yo creo que han habido otros goles increíbles en la historia de los mundiales. Pero, como argentino, me ilusiona pensar que la Academia ¡tiene la razón! Tenme paciencia y perdóname esta demostración de «humildad nacional» que de pronto ha caído sobre mí...

¿Quieres verlo? Aquí está.

El primer gol del partido fue el famoso de la «mano de Dios», un gol que no tendría que haber sido legal, pero como el árbitro no vio que Maradona empujó la pelota con su mano, se contó como oficial.

Sin embargo, el segundo fue una verdadera obra de arte. Una maravilla que quedará guardada en la historia del fútbol. Te invito a verlo y a pensar en lo que se requirió del equipo argentino para llegar a ese gol y ganar el campeonato mundial.[3]

Cada uno de los jugadores de nuestras selecciones nacionales son profesionales que hacen maravillas por sí mismos. Pero es la suma de sus habilidades, jugando coordinadamente como un solo cuerpo, lo que hace la diferencia en un partido. No es la suma de las individualidades, sino la complementación de un todo.

Recuerdo que cuando vivíamos en Chicago en los años 80 y 90, lo más grande en la ciudad eran los Bulls, los «Toros» de Chicago. Ese equipo de básquetbol pasará a la posteridad como uno de los mejores en la historia del deporte. Eran realmente increíbles. En aquellos años me interesé seriamente en ese tipo de competencias. ¡Era una belleza verlos jugar!

Durante las competencias olímpicas del 92, en Barcelona, el equipo de básquetbol de Estados Unidos, por primera vez en la historia, tuvo la oportunidad de armar su escuadra con profesionales de la National Basquetball Association (NBA, por sus siglas en inglés). Se le llamó el *Dream Team*.

Un equipo formado por las más grandes figuras del básquetbol norteamericano: Michael Jordan, Scottie Pippen, Larry Bird, Charles Barkley, Magic Johnson… La lista era absolutamente increíble. Por supuesto, el equipo ganó la medalla de oro en las olimpíadas saliendo invicto y sobreponiéndose a sus contrincantes por cuarenta y cuatro puntos de promedio. Fue un momento memorable.

Lo que no todo el mundo sabe es el desastre deportivo que sufrió el *Dream Team* el 26 de junio de 1992, a solo un mes de que comenzaran las olimpíadas.

Ese día, los mejores profesionales del mundo del básquetbol se enfrentaron con un equipo conformado por estudiantes universitarios seleccionados de varias instituciones de altos estudios del país. Jóvenes universitarios contra las más importantes figuras del básquetbol mundial, ¡y los profesionales perdieron miserablemente!

Años después, uno de los directores técnicos del *Dream Team* explicó que el técnico principal había preparado ese juego para que las estrellas del mundo del deporte comprobaran que podían ser vencidas. Quería que ellos comprendieran que lo más importante no era la fama ni la experiencia que cada uno traía al equipo, sino su capacidad de jugar **juntos** en el campo de batalla deportiva.

De eso se trata este libro: de jugar juntos.

CADA UNO TRAE ALGO

Recuerdo con una sonrisa la primera vez que me invitaron a comer a la casa de unos amigos mexicanos que vivían en la ciudad de Chicago. Yo era un jovencito de unos veinticuatro años, mi amigo me miró y me dijo: «Andrés, nos vemos en el parque esta tarde. Todos vamos de *traje*».

Yo me quedé mirándolo totalmente desconcertado. «¿De traje?», le pregunté.

«Sí», me respondió. «Yo *traje* sopa, yo *traje* carne, *traje* ensalada... ¡cada uno trae algo!».

Así también llegamos al matrimonio: de *traje*. Cada uno de nosotros traemos una cajita de herramientas que nos ayudan a construir un hogar feliz. El asunto es estar comprometidos a usarlas y hacerlo de manera adecuada.

En la actualidad, muchas parejas solo usan la mitad de las herramientas y por eso no avanzan tan lejos o tan rápido como otras. Por otro lado, una gran cantidad de ellas las usan, pero mal.

Lo primero que traemos al matrimonio es la personalidad con la que hemos sido creados. Cada uno de nosotros fuimos diseñados desde el vientre de nuestra madre de manera única y particular.

Hace algunos años escribí un *best seller* titulado *La mujer que prospera*. Al comienzo del libro, incluí un material muy inusual sobre los perfiles de personalidad y la forma en que afectan nuestro comportamiento en el momento de tomar decisiones económicas.

Permíteme compartir una porción de ese material que creo es profundamente relevante para entendernos en nuestra vida de pareja. Voy a rearreglar el contenido y agregar nuevos textos para que sea más entendible y práctico.

Cada uno de nosotros tiene una personalidad muy particular y, normalmente, «los opuestos se atraen». ¡Cuántas veces hemos visto a mujeres ahorrativas casadas con hombres que no saben cuándo parar de comprar cosas! O varones bien organizados en las finanzas del hogar casados con mujeres que no tienen la más remotísima idea de adónde se les fue el dinero.

Sin embargo, Larry Burkett (1939-2003), mi mentor y fundador de la organización en la cual dimos nuestros primeros pasos en el mundo de la educación financiera, siempre solía decir: «Si en una pareja los dos fueran iguales... ¡entonces hay uno que sobra!».

La organización del doctor Burkett, aparte de hacer alfabetización financiera, también fue una importante organización de orientación vocacional. En el proceso de orientar vocacionalmente a miles y miles de personas alrededor del mundo, utilizábamos una herramienta que, básicamente, describe las personalidades de cuatro maneras: dominantes, influyentes, estables (serenos) y conscientes.

A pesar de que algunos expertos los llaman de manera diferente, el nombre internacional básico de estos exámenes de personalidad es DISC®, y están basados en un trabajo de William Moulton Martson, publicado en 1928.

Quizás hayas leído sobre estos perfiles de personalidad en el afamado libro de Tim LaHaye, *Temperamentos controlados por el espíritu*.[4] Él los llama colérico, sanguíneo, flemático y melancólico.

A continuación te presento un cuadro que he compartido en mi *master class* de Alta Gerencia con altos ejecutivos y dueños de empresas:

SIGLA Y NOMBRE*	TIM LAHAYE	GARY SMALLEY	BIBLIA	PLATÓN	KIMBERLY WEST	HELEN FISHER
D.I.S.C.	TEMPERAMENTOS	ANIMALES	PERSONAJES	TRABAJOS	MÚSICA	¿POR QUÉ ÉL O ELLA?
D – DOMINANTE	Colérico	León	San Pablo	Guardián	Salsa	Directores-as
I – INFLUYENTE	Sanguíneo	Nutria	María Magdalena	Artesano	Swing	Exploradores-as
S – ESTABLE	Flemático	Ovejero alemán	Abraham	Filósofo	Vals	Constructores-as
C – CONSCIENTE	Melancólico	Castor	San Lucas	Científico	Tango	Negociadores-as

Master Class de Alta Gerencia

Antes de comenzar, quizás tu pareja y tú quisieran llevar a cabo una prueba para descubrir su perfil de personalidad. Les puede ayudar en el diálogo sobre cómo cada uno encara la toma de decisiones económicas y por qué ven el tema del gasto familiar de manera diferente.

Te voy a ofrecer una prueba totalmente gratis. Si vas a nuestro sitio *www.culturafinanciera.org* o si descargas nuestra APP, puedes buscar un archivo PDF llamado TEST DISC DE PERSONALIDAD. Ábrelo, bájalo a tu computadora, imprímelo y sigue las instrucciones para descubrir cuál es tu personalidad dominante entre las cuatro que te voy a explicar a continuación.

Adelante. Toma el test. Aquí te espero...

Investigando sobre el tema, encontré una monografía del licenciado Antonio Sánchez Martínez[5] con una clara explicación de cada uno de los temperamentos y sus fortalezas y debilidades. Voy a colocar esta monografía como un Apéndice al final del libro, por si te interesa profundizar más en dicha materia.

Por lo pronto, me gustaría presentarte una breve descripción de cada una de las personalidades y darte algunas «palabras claves» que retratan el perfil. Luego, te daré mi explicación de cómo creo que cada perfil afecta el área de las finanzas.

Al final, también he colocado un par de ejemplos de la vida real para que veas qué tipos de personas representan a cada uno de esos perfiles. Espero que te guste.

CARÁCTER COLÉRICO / DOMINANTE (D)

Las personas con una personalidad dominante tienen una tendencia natural hacia el **control** del ambiente de trabajo. Son usualmente **firmes**, **directas** y **de voluntad fuerte**. Típicamente **agresivas** y **temerarias**. Obtienen **resultados** a través de la **acción**. Funcionan mejor en un ambiente **desafiante**.

CARÁCTER SANGUÍNEO / INFLUYENTE (I)

Las personas con un carácter influyente tienen una tendencia natural a **relacionarse con otros**. Usualmente son **verbales, amistosas, extrovertidas** y **optimistas**. Motivadoras entusiastas, **buscarán a otros** para que las ayuden a lograr sus metas. Funcionan mejor en un ambiente **amigable**.

CARÁCTER FLEMÁTICO / ESTABLE (S)

La gente estable (o serena) tiene un **alto nivel de estabilidad** y está naturalmente motivada a **cooperar con otros**. Es **paciente, consistente** y **muy confiable, inclinada a la amistad** y **perdonadora. Excelente miembro de equipos.** Funciona mejor en un ambiente que la **apoye** y **sea armonioso**.

CARÁCTER MELANCÓLICO / CONSCIENTE (C)

Las personas conscientes se concentran en hacer las cosas **bien**. Son **detallistas** y siguen las **reglas y regulaciones** con facilidad. Típicamente buscan la **calidad** y **precisión**, y por lo tanto tienen **altas expectativas** de ellas y de los demás. Funcionan mejor en un ambiente **estructurado**.

ÁREAS FUERTES Y DÉBILES DE CADA PERFIL

Las personas con carácter dominante:

ÁREAS DE FORTALEZA	ÁREAS DE DEBILIDAD
• Independientes • Quieren resultados • Confiadas • Directas • Buenas para resolver problemas	• Impacientes • Insensitivas • No son detallistas • Oyentes pobres • Odian las rutinas

Las personas con carácter influyente:

ÁREAS DE FORTALEZA	ÁREAS DE DEBILIDAD
• Extrovertidas • Verbales • Entusiastas • Optimistas • Divertidas	• Hablan demasiado • Desorganizadas • Emocionales • Problemas con el tiempo • No miran los detalles importantes

Las personas con carácter estable:

ÁREAS DE FORTALEZA	ÁREAS DE DEBILIDAD
• Pacificadoras • Buenas oyentes • Pacientes • Productivas • Confiables • Buenas para jugar en equipo	• Comprometen valores • Resisten el cambio • Evitan la confrontación • Indiferentes • Muy sensitivas

Las personas con carácter consciente:

ÁREAS DE FORTALEZA	ÁREAS DE DEBILIDAD
• Analíticas • Organizadas • Cuidadosas • Precisas y detallistas • Tienen altas expectativas de sí mismas	• Frías, distantes • Estándares irreales con altas expectativas hacia los demás • Internalizan las emociones • Perfeccionistas • Muy analíticas

Los perfiles en el mundo

PERFIL	EN LA HISTORIA	EN LA POLÍTICA	EN LAS RELIGIONES ABRAHÁMICAS
D	General Patton	Winston Churchill	Sara/San Pablo
I	Julio Iglesias/ Jenifer López	Ronald Reagan	María Magdalena
S	Mahatma Gandhi	George Bush	Abraham/Bernabé
C	Albert Einstein	Jimmy Carter	Elías/San Lucas

LOS PERFILES Y EL DINERO

Los dominantes y sus finanzas:

En el ámbito de las finanzas, la persona dominante toma decisiones económicas en forma firme, rápida e impulsiva. Tiene la tendencia a desarrollar negocios exitosos y proveer liderazgo en momentos de incertidumbre y dificultad. Sin embargo, le resulta difícil obedecer un presupuesto, y tiende a asumir grandes riesgos y vivir fuera de sus capacidades económicas.

Como tiene la capacidad de influenciar el futuro (y lo sabe), se inclina a la realización de compromisos presentes basados únicamente en ganancias futuras (haciendo Presunción del Futuro). Además, viola el Principio del Compromiso Garantizado realizando compromisos económicos sin una manera segura de poder pagarlos.

Este comportamiento le provoca serios problemas con las deudas, especialmente con los préstamos y las tarjetas de crédito en la economía de nuestro continente en la actualidad. Su falta de atención a los detalles, su enfoque en las metas y su testarudez lo llevan muchas veces a desarrollar problemas financieros en sus negocios y su relación de pareja. Tiene la tendencia a arriesgar económicamente a su familia por cumplir con sus metas de negocios.

Puede meterse en serios problemas con la ley si está bajo mucha presión financiera, porque como tiene una orientación hacia las metas, usa a la gente, no es muy detallista y «el fin termina justificando los medios».

Así es como muchos empresarios y políticos terminan en la cárcel.

El influyente y sus finanzas:

En el ámbito del dinero, el influyente toma decisiones económicas impulsivamente y con el corazón. Le resulta muy difícil vivir obedeciendo un presupuesto y dentro de su propio estatus social.

Como es tan positivo con respecto al futuro, tiende a realizar compromisos presentes basados únicamente en ganancias futuras. También se inclina a violar el Principio del Compromiso Garantizado.

Esto lo lleva a tener problemas con las deudas, particularmente con los préstamos y las tarjetas de crédito. También desarrolla problemas financieros en sus negocios y su relación de pareja, en especial si su cónyuge es S-estable o C-consciente. De la misma manera que el dominante, puede meterse en serios problemas con la ley si está bajo mucha presión financiera. Las leyes, para el influyente, son simplemente *buenas recomendaciones*.

La persona S-estable y sus finanzas:

En el ámbito del dinero, la persona estable toma decisiones económicas con mucho cuidado y temor. Le resulta mucho más fácil que al dominante o al influyente vivir obedeciendo un presupuesto y dentro de su posición económica-social. Es buena siguiendo reglas y regulaciones. Ni bien aprende «cómo se deben hacer las cosas», las realiza de esa manera.

Una vez que lo aprende, esa actitud la lleva a evitar meterse en serios problemas económicos tanto en la familia como en los negocios.

Sin embargo, como tiene indecisión y temor con respecto al futuro, le cuesta mucho trabajo tomar decisiones por sí misma... Eso le impide responder rápidamente frente a emergencias o aprovechar oportunidades económicas que solo se dan muy raramente en la vida. También, la apariencia de lentitud y falta de compromiso le impiden obtener ascensos en el trabajo.

Las estables no tienen serios problemas con las deudas; pero, por su falta de iniciativa, sí enfrentan problemas para sobrevivir por sí mismos si pierden su trabajo. Las tensiones económicas en la pareja vienen al casarse con un dominante u otro estable.

El consciente y sus finanzas:

En el ámbito del dinero, el consciente es metódico y perfeccionista. Toma decisiones económicas con mucho cuidado y temor. En realidad, ¡le resulta casi imposible tomar rápidas decisiones económicas! Su carácter metódico y perfeccionista le permiten obedecer sin ningún problema un plan económico, y se pregunta cómo es posible que otra gente no lo pueda hacer. Casi siempre vive dentro de su estatus social, y es magnífico siguiendo reglas y regulaciones. A decir verdad, se siente seguro funcionando dentro de ellas.

Una vez que establece valores, principios y conceptos en su vida, nunca se mete en serios problemas económicos, ni en la familia ni en los negocios.

Por otro lado, innovar le cuesta mucho trabajo. Eso le impide responder rápidamente frente a emergencias o aprovechar oportunidades económicas que solo se dan muy raramente en la vida. Una persona de fuerte perfil consciente debería buscar negocios que no representen altos niveles de riesgo y hacer dinero ganando pequeñas batallas a lo largo del tiempo, es decir, ganando dinero metódicamente, poco a poco, a través de los años.

En la empresa, debería evitar trabajos como los de presidente, y si lo es, buscar inmediatamente una persona en la que delegue todas las funciones gerenciales y operacionales. Luchar contra la desconfianza en la capacidad de otros es clave para que el consciente pueda alcanzar la prosperidad.

Los detallistas como el «C» raramente tienen serios problemas con las deudas. Sin embargo, su perfeccionismo, su legalismo, sus demandas a los demás, su rigidez y su gran memoria para recordar los pecados cometidos en su contra los mantienen lejos de la gracia en sus vidas y, por ende, de la prosperidad integral.

Las tensiones económicas en la pareja vienen como resultado de las debilidades de su carácter y las serias dificultades que tiene para trabajar en equipo.[6]

Aprende a trabajar en equipo. Aprende a complementarte y no a competir. Aprende a ver qué fortalezas trae cada uno a la pareja y, luego, enfócate en mejorarlas. Olvídate de mejorar tus áreas débiles. Si te enfocas en mejorar las áreas débiles, lo más que pueden conseguir es ser mediocres. Si te concentras en mejorar tus áreas fuertes, pueden alcanzar la excelencia en sus fortalezas. Deja de querer un equipo de mediocres y abraza la construcción de un equipo de **excelentes,** un **equipo de primera.** [7]

TIEMPO CON TU ENTRENADOR

Cada miembro de la pareja debería pensar en su perfil de personalidad. Luego respondan:

1. ¿Por qué cuando debemos tomar decisiones económicas a veces no vemos las cosas de la misma manera?

2. ¿Cómo podríamos ayudarnos el uno al otro? ¿Cómo nos podríamos complementar en vez de competir?

3. De acuerdo con nuestro perfil de personalidad:
   - ¿Cuál de nosotros debería tener la responsabilidad de llevar las cuentas en el hogar?
   - ¿Cómo vamos a reportar el manejo del dinero?
   - ¿Quién es mejor tomando decisiones económicas en momentos de crisis?
   - ¿Quién tiende a causarnos problemas financieros?
   - ¿Qué reglas deberíamos tener en la pareja para evitar meternos en problemas?

CAPÍTULO 2

EL CAMPO
DE JUEGO

UN CONTRINCANTE INVISIBLE

En mayo del año 2007, La Paz, Bogotá, Cuzco y Quito se quedaron sin fútbol internacional. La FIFA había prohibido los juegos internacionales a más de 2.500 metros sobre el nivel del mar.

La resolución, que tuvo poca vida, fue el resultado de las continuas quejas de los equipos del resto de Sudamérica que tenían que competir con sus pares aclimatados a jugar con baja presión barométrica y bajo nivel de oxígeno en el campo de juego.

Todavía, y a pesar del tiempo, me duele el corazón cada vez que pienso en la goleada que recibió la selección argentina en La Paz, Bolivia, el 1 de abril de 2009. ¡Ese seis a uno fue histórico y traumático! A pesar de que la selección boliviana hizo un trabajo magnífico ese día, uno no puede dejar de pensar que, de pronto, el hecho de que la cancha esté a más de 3.500 metros sobre el nivel del mar haya influenciado de alguna manera el marcador final.

En el mundo de los deportes, no solo es importante estar en buenas condiciones físicas, formar un buen equipo o prestar atención a las reglas y regulaciones. También es importante entender al «jugador extra» que tiene el equipo local: el campo de juego.

Lo mismo ocurre en el mundo del dinero: el tipo de leyes que tenemos en el país **moldea** el ambiente en el que precisamos movernos y hace una gran diferencia al momento de participar juntos en el juego de la vida, provocando que, muchas veces, el campo de juego nos patee en contra. No es lo mismo jugar al dinero en

Ciudad de México que en Nueva York. No es lo mismo Buenos Aires que Bruselas.

Un alto nivel de endeudamiento

Recuerdo claramente el día que abrí mi Facebook (FB: agpanasiuk) y encontré la nota de Liliana (no es su verdadero nombre). Decía algo así como: «Doctor Panasiuk, soy Liliana, estoy casada, vivo con mi esposo y tengo tres hijos, uno de ellos es un bebé. Tenemos un negocio, una casa y con los años hemos acumulado deudas, muchas deudas. Estoy tan angustiada y siento tanta presión que ya no quiero vivir más».

Hay pocas razones por las que la gente se suicida, el dinero es una de ellas. Así que, inmediatamente me contacté con nuestra socia organizacional en Costa Rica, Mónica Quirós, y le pedí que si podía tomara ese caso. Gracias a Dios, Mónica tuvo la gentileza y la habilidad de tomarlo y llevarlo a buen puerto. Hoy, Liliana y su esposo viven felizmente junto a sus hijos disfrutando de la prosperidad integral.

Por desgracia, el caso de Liliana y su familia no es la excepción. Día tras día vemos más y más parejas en el mundo de habla hispana que se encuentran sumidas bajo la presión de una gran cantidad de compromisos económicos, pagando intereses que, si bien no son ilegales, resultan realmente inmorales.

En los últimos veinte años estamos viendo un continuo incremento en el nivel de endeudamiento por parte de las familias iberoamericanas. De acuerdo con datos revelados por el Fondo Monetario Internacional, en el 2018 el nivel de endeudamiento de las familias españolas representaba más del 58% del producto interno bruto del país.

Pero España no está sola. En Chile, el endeudamiento familiar en el 2018 ascendió a más del 45% del producto interno bruto y, en Centroamérica, Honduras y Costa Rica reportan más del 30%.

Se está haciendo cada vez más difícil permanecer en el juego de la vida sin caer en la esclavitud financiera.[1]

No es la pobreza la que separa a los matrimonios. Cuando la pareja es pobre, pero está sana, los dos se unen aún más con el fin de salir adelante. Uno ayuda al otro. Pero el estrés de las deudas, la presión de los compromisos económicos, la desesperación frente a las llamadas de los acreedores... todo eso erosiona la relación y, finalmente, lleva a la ruptura matrimonial.

Un mercado que te empuja a la esclavitud

Hasta hace no muchos años, las leyes de nuestros países estaban diseñadas para defender al consumidor. Sin embargo, en la actualidad ofrecen muchas menos protecciones, y el mundo financiero se ha convertido en la nueva frontera de la esclavitud financiera mundial.

Recuerdo que, en un viaje por Ucrania hace algunos años, me contaron que cuando Pedro el Grande soñaba con la Gran Rusia se dio cuenta de que tenía dos problemas: (1) no tenía dinero y (2) no tenía gente. Por eso, echando mano de un antiguo concepto de relación social, decidió cambiar las leyes del país para obtener ambas cosas a través de lo que hoy en día se llama *la servidumbre*.

Mis abuelitos vivieron bajo los efectos de la servidumbre (que fue abolida en 1861). Esa fue una de las razones importantes por las que decidieron emigrar de la frontera entre Polonia y Ucrania al continente americano. Mientras Europa occidental avanzó en otra dirección, Pedro el Grande decidió dictar una serie de leyes que atraparían al pueblo en una situación de verdadera esclavitud.

Esas leyes, por ejemplo, no permitían la venta de la tierra. La única manera de obtener espacio para cultivar comida era pagando con trabajo la renta de la tierra a algún terrateniente. La gente atrapada en la servidumbre trabajaba para su señor, para Pedro el Grande y, al final, si había algo de tiempo disponible, trabajaban para ellos mismos.

Otra de las leyes de la servidumbre era no permitir que el pueblo se mudara de un lugar a otro de la Rusia imperial; Pedro el Grande «atrapó» a millones de personas en el lugar donde trabajaban para sus señores. En esos cambios de leyes, la gente perdió muchos de sus derechos y su experiencia de vida comenzó a parecerse más y más a la esclavitud.

Eso es lo que yo llamo *esclavitud de guantes blancos* (o *esclavitud blanca*), para diferenciarla de la esclavitud que millones de pobladores de África experimentaron en el continente americano.

Sin menospreciar en nada la atrocidad de la esclavitud de los ancestros de tantos amigos que tengo en Estados Unidos, quisiera mencionar algunas diferencias importantes con la esclavitud que experimentaron mis ascestros.

La esclavitud impuesta por Pedro el Grande fue muy diferente a la esclavitud de los africanos. Por ejemplo, para que un granjero norteamericano obtuviera un esclavo de África, lo tenía que comprar. Pedro el Grande **nunca** tuvo que comprar a sus esclavos en la Rusia imperial. Simplemente los atrapaba cambiando las leyes del país.

Cuando se llevaba a un nuevo esclavo africano a la granja, tenían que proveerle un lugar donde dormir (una choza o una casa), y algo para vestir y comer. Pedro el Grande **nunca** les proveyó casas a sus esclavos; ellos se construían sus propias casas, se hacían sus propios vestidos y se alimentaban por su cuenta.

Cuando un esclavo africano se enfermaba, su dueño siempre buscaba la manera de sanarlo, quizás llamaba a un doctor, le proveía medicina, etc. Era una inversión que debía cuidar y proteger. Pedro el Grande **nunca** se preocupó por la salud de sus millones de esclavos en el Imperio ruso. Sus esclavos se curaban ellos mismos, y si alguien moría, también ellos mismos lo enterraban.

Pedro el Grande, en la Gran Rusia, encontró la manera de tener **todos los beneficios** de la esclavitud y **ninguna responsabilidad**. En este punto es donde Pedro el Grande coincide con el sistema financiero del siglo veintiuno: los emisores de tarjetas de crédito y las financieras han encontrado la manera de esclavizar a millones de personas recibiendo **todos** los beneficios de la esclavitud y sin tener **ninguna** de las responsabilidades.

«Los deudores son esclavos de sus acreedores», dice un antiguo proverbio del Medio Oriente,[2] y tiene muchísima razón. Fue escrito hace tres mil años en una economía primordialmente agrícola-ganadera y, sin embargo, era tan relevante en ese momento en el Medio Oriente como lo es hoy en Nueva York, Ciudad de México, París, Moscú o Singapur.

Tienes que jugar en contra de la tendencia que existe en nuestra sociedad de consumo de esclavizar a tu familia. Vas a tener que adoptar reglas de vida diferentes a las que usaban tus padres. Vas a tener que resistirte a las campañas publicitarias y pensar diferente si es que quieres vivir libre.

Un grupo de leyes que te hacen difícil la vida

Rosalía tenía unos 16 años cuando me la presentaron al final de una conferencia. Ella cuidaba a los hijos del líder de la comunidad de fe con la que llevábamos a cabo un proyecto social en un país latinoamericano. Estaba llorando.

Cuando le pregunté qué le pasaba, me contó entre sollozos que hacía unos meses su mamá se había enfermado de gravedad. Como no tenían dinero para pagar doctores y medicinas, habían ido a una financiera que tenía nombre de «banco» para pedir dinero prestado. Creo que la cantidad no superaba los U$200 (una cantidad importante para Rosalía).

De acuerdo con el plan de pagos, cada sábado ella debía abonar el equivalente a unos U$10 hasta que la deuda y los intereses quedaran totalmente pagos.

Lo llamativo de la historia es que Rosalía comenzó a pagar el doble del dinero cada fin de semana con el propósito de salir de la deuda lo antes posible. Eso ocurrió, sin falta, hasta un fin de semana cuando una serie de sucesos «atraparon» a Rosalía en su trabajo y llegó tarde para hacer su pago sabatino, el negocio ya había cerrado.

El lunes, a primera hora, Rosalía fue al «banco» a realizar su pago y explicar la situación: no es que no quisiera pagar, sino que tuvo un problema en su trabajo y no llegó a tiempo. La cajera le dijo mecánicamente: «Usted debía haber venido a pagar el sábado y no lo hizo». A lo que Rosalía le contestó, nuevamente, con su explicación.

«Su explicación no importa», dijo secamente la empleada. «Ahora va a tener que pagar su cuota semanal, más la penalización por no pagar a tiempo».

Cuando Rosalía le preguntó cuánto era la penalización, ¡le dijo que era el equivalente a U$200! ¡Su deuda se había duplicado de la noche a la mañana!

Así llegó Rosalía a verme: desconsolada, abatida, golpeada emocionalmente y, probablemente por primera vez en su vida, dándose cuenta de que las leyes de su país estaban escritas en su contra. Uno se siente impotente cuando los injustos tienen «la sartén por el mango».

Es cierto que nuestra joven amiga se metió solita en una situación de esclavitud al pedir el préstamo. Y es cierto también que no cumplió con su palabra de pagar a tiempo su cuota semanal. Sin embargo, uno esperaría más gracia y misericordia de una entidad que está succionando mes tras mes, implacablemente, millones de dólares de los bolsillos de sus compatriotas.

Gracias a Dios, mi esposa y yo teníamos un amigo empresario en esa ciudad al que llamamos para que nos ayudara a rescatar a Rosalía de la mano de sus captores virtuales con un «préstamo salvavidas» sin intereses. A las pocas semanas, cuando los U$200 originales se terminaron de pagar, nuestro amigo nos llamó y nos dijo que, ya que el préstamo original estaba pagado, su esposa y él donarían el resto y así la deudora quedaría totalmente libre de su compromiso.

La historia de Rosalía me ha quedado grabada en el corazón como un trabajo de intervención exitoso en el proceso de liberación de una familia. Lamentablemente, hay muchísimas familias semana tras semana que caen en las garras de entidades financieras como este supuesto «banco» que succiona legalmente los recursos económicos que tanto les cuesta ganar a sus compatriotas. Las leyes de su país le han fallado miserablemente a Rosalía y, quizás, también a ti.

Ahora que vivimos en el estado de Georgia, Estados Unidos, recuerdo haber leído en el diario *Chicago Tribune* la historia de una señora de nuestro estado, Elizabeth Sanders, que por diesisiete años trabajó como cocinera para una escuela privada. Ese trabajo le permitía, por un lado, darle de comer a su familia y, por otro, hacer los pagos de una hipoteca a bajo interés por una vieja casa de madera que ella y su marido habían comprado en 1970, un año antes de la muerte de su esposo.

En 1987, Elizabeth recibió una llamada del representante de una compañía financiera que le preguntó si quería un préstamo hipotecario para consolidar sus cuentas. El interés anual sería del 8,5%, tanto para la hipoteca como para las otras cuentas, que en conjunto sumaban 23.269,53 dólares.

«Pensé que era una buena idea tener solamente una factura para todas mis deudas», explicó la señora Sanders. «Pensé que el hombre era lo suficientemente honesto como para ayudarme a consolidar todas mis cuentas en una sola y así eliminar todos los demás pagos».

Sin embargo, la realidad fue que a esta abuela de 54 años le vendieron un «préstamo de consolidación de deudas» y no el refinanciamiento de una hipoteca. En vez de por quince o veinte años, el contrato fue por cinco. La deuda estaba garantizada por su casa y tenía, en un país con un 3% de inflación, ¡un 21,22% de interés anual! Pero ahí no termina la historia. Ese crédito no estaba diseñado para pagarse por completo en solamente cinco años. Demandaba pagos por cinco años y luego un pago final y único por lo que todavía se debiera. Así que la señora Sanders hizo todos sus pagos por sesenta meses y, de acuerdo con el *Chicago Tribune*, tuvo que hacer un pago final de **26.874,40** dólares. ¡Una cantidad más grande al final de su préstamo que cuando empezó!

Uno se pregunta: ¿cómo puede ser que alguien que paga un préstamo por cinco años termine debiendo más que cuando empezó? Yo he visto esto en varios países latinoamericanos, especialmente en programas de ventas de casas. Programas completamente legales e inmorales.

Esa es la manera en que las leyes de tu país te pueden estar jugando en contra. Se ven muy bien por afuera (Georgia tiene leyes en contra de la usura, que no sirven para nada). Están escritas para consumidores sofisticados y para que financistas injustos e inmorales se aprovechen de las familias más vulnerables del país.[3]

Piensa:

- ¿Hay leyes en contra de la usura en el país?
- ¿Son efectivas esas leyes o «les pasan por arriba»?
- ¿Cuánto es el interés máximo que las financieras pueden cobrar?
- ¿Existe un límite al interés que pueden cobrar las tarjetas de crédito?
- ¿Hay financieras que te adelantan el dinero de tu salario?
- ¿Existen empresas que le prestan dinero a la gente pobre a intereses exorbitantes?
- ¿Pueden los bancos y las financieras prestarle dinero a los jubilados?
- ¿Se ofrece crédito que se paga semana a semana o día a día?
- ¿Pueden los bancos y las financieras esconder el interés que cobran detrás de «costos» de generación

de los préstamos y «cargos» por cosas que, en realidad, deberían ser pagadas con las ganancias que producen los intereses?

* ¿Son los contratos de créditos entendibles o están escritos en un idioma legal que reconoces pero no entiendes?

* ¿Tiene el país un efectivo programa de educación financiera en las escuelas, las empresas y las entidades gubernamentales?

La Ley de las consecuencias inintencionadas

Cuando era asesor del viceministro de economía de un país latinoamericano, me encontré con el director de un departamento del gobierno que tenía como meta la apertura del crédito en el país. Ese día me percaté de que en los gobiernos de nuestros países hay gente de muy buen corazón que cree que proveer más crédito a la población, especialmente a los pobres, es una tarea buena y digna.

La idea es la siguiente: el problema que tienen los pobres para salir de la pobreza es la falta de crédito. Si tuviesen acceso al crédito, podrían comenzar negocios y salir de su situación económica.

Eso es una falacia.

La pobreza es un problema mucho más complejo que la falta de crédito y el endeudamiento de la población, particularmente de las clases más bajas de la sociedad; es una manera de esclavitud moderna. La pobreza no vive sola, sino en «pandilla». Y todo programa de desarrollo humano debe encararse de manera integral, atacando a todos los bandidos al mismo tiempo.

Sin embargo, hay gente muy bien intencionada, tanto en la parte ejecutiva como en la legislativa de nuestros países, que con toda honestidad cree que el crédito debe extenderse a toda la población. Eso es un gran error. A pesar de que nunca debería haber discriminación en la oferta del crédito, no todo el mundo debería ser aprobado para uno.

Debemos proteger a las personas más vulnerables de la sociedad y ayudarlas a prosperar en libertad, no a sumirlas en una vida de esclavitud con los prestamistas. Debemos tener leyes que lleven a los bancos y financieras a preguntarse: ¿puede esta persona cumplir con su compromiso económico?

Si le damos un préstamo a una persona que no lo puede pagar, estamos condenando a su familia a vivir en esclavitud financiera por los años venideros, y eso es despreciable. ¿Cómo es posible que, a pesar de las magníficas leyes que tenía el gobierno paraguayo en el 2014, a una importante cantidad de policías, maestros y personal de la salud se les descontara hasta el 50% de su salario debido a las deudas contraídas?

«Hecha la ley, hecha la trampa», dice un refrán latinoamericano. Y parece que los promotores de esclavitud financiera le encontraron la vuelta a las leyes del país para atrapar en la servidumbre a una gran cantidad de empleados del gobierno porque sus salarios son casi asegurados.

Decía la Fundación Principios de Vida (nuestros socios organizacionales en Paraguay) en el 2014:

> A las carteras de Educación, con más de 85.000 empleados permanentes, y Salud, con más de 15.000, al 26% y 38%, respectivamente, se le acreditan menos de la mitad de su sueldo. Al 45% de los policías también se les debita desde el 30% del salario en adelante. Sumado a lo que se les descuenta por otras deudas, ya en el BNF, 54% de estos funcionarios cobran menos del 50% de su salario.[4]

Y Paraguay no es la excepción; ¡es **casi** la regla!

Hablo de Paraguay porque en conjunto con el gobierno paraguayo y la Fundación Principios de Vida hemos desarrollado uno de los mejores programas de educación financiera escolar del continente. Cada año, llegamos a decenas de miles de hogares a través de la educación financiera de los alumnos de los últimos años de la escuela media.

Ese esfuerzo gigantesco ha dado increíbles resultados en el nivel de alfabetización financiera de los estudiantes que se gradúan y sus familias. Y tanto en Paraguay como en Argentina, Brasil, Ecuador, Guatemala, México, España y muchos países más de habla hispana del mundo hemos ayudado a miles de familias a ser libres del oprobio de las deudas.

Siempre y cuando continuemos pensando que el crédito es una especie de derecho humano, no vamos a poder resolver el problema de la esclavitud financiera en que viven nuestras familias, y vamos a continuar viendo que los problemas de dinero están entre las tres causas más importantes de divorcio en nuestras naciones.

Las deudas destruyen familias y nos cuestan, como país, mucho más que los beneficios que ofrece el «crédito para todos».

Ahora bien, no quisiera ser malinterpretado. Creo que el crédito es bueno, como lo es un auto. ¿A quién le gustaría viajar a caballo como lo hacían nuestros padres y abuelos? Sería terrible. Pero un auto, al igual que el crédito, no es solamente un modo de transporte, sino también una herramienta peligrosa que le puede costar la vida a alguien.

Por esa razón, nuestros gobiernos demandan que antes de poder usar un auto aprendamos a manejarlo, demostremos que sabemos hacerlo y tengamos una licencia para conducirlo. Y, si no lo hacemos bien, nos dan una infracción. Cuando tenemos varias infracciones, nos quitan la licencia ¡y no podemos conducir más!

De la misma manera deberíamos hacer con el crédito: es una magnífica herramienta financiera para el progreso, pero por otro lado, puede empujar a la gente hacia el robo, el suicidio, y afectar profundamente la vida de muchas personas a nuestro alrededor. ¡Cuántas «locuras» la gente ha cometido bajo la presión de las deudas!

Desde los años 90 hemos estado abriendo la economía de nuestros países, hemos desregulado el mundo financiero y promovido entre el pueblo el endeudamiento sin enseñarle a manejar el crédito... Y ahora nos preguntamos por qué hay «sangre» derramada por todos lados y por qué tenemos tanto estrés en las parejas y las familias del continente.

Ahora gerentes de bancos me piden llevar a cabo una educación financiera con sus clientes, porque los deudores no están pagando sus deudas. Muchos líderes gubernamentales se han dado cuenta de que abrir la economía sin educar a la gente fue un grave error.

Esto es lo que muchos llaman *la ley de las consecuencias inintencionadas*. Instauramos leyes con buenas intenciones y buena voluntad, pero no nos damos cuenta de las consecuencias que esas leyes traerán en el futuro.

La eliminación de los límites máximos de intereses que se pueden cobrar en préstamos y tarjetas de crédito, la falta de claridad en las leyes que permiten que financieras se hagan pasar por «bancos», la ausencia de control de los prestamistas de barrio o de supervisión de los negocios que venden en cuotas con intereses inmorales nos llevan a ser abusados y a perder dinero.

Mi recomendación: si quieres ganar en el juego financiero de la vida, tú y tu pareja deben conocer las leyes del país y tener cuidado con el «campo minado» en el cual les va a tocar caminar. No van a poder cambiar las leyes del país, pero pueden evitar que una explosión haga pedazos sus sueños.

No hay nada más «peligroso» para los esclavistas financieros que un consumidor bien educado.

Trabajemos juntos en estudiar el campo de juego y usémoslo a nuestro favor.

TIEMPO CON TU ENTRENADOR

A continuación les hago una serie de preguntas para que las trabajen juntos:

1. ¿Qué pasaría si dejamos de pagar el auto, la tarjeta de crédito o la hipoteca de la casa?
2. ¿Cuánto es el interés que cobran las tarjetas de crédito? ¿Cómo se compara con la inflación en el país?
3. ¿Cuánto es el interés que cobran los negocios que ofrecen crédito para comprar artículos del hogar?
4. Si uno pide un crédito en su ciudad, ¿cuáles son los «costos» de generación de préstamos y «cargos» especiales que, en realidad, esconden el interés real que les están cobrando?
5. Contesten:

   - ¿Hay leyes en contra de la usura en el país?
   - ¿Son efectivas esas leyes, o los bancos y financieras «les pasan por arriba»?
   - ¿Cuánto es el máximo interés que las financieras pueden cobrar?
   - ¿Existe un límite al interés que pueden cobrar las tarjetas de crédito?
   - ¿Cuánto cobran de interés los negocios que te adelantan el dinero de tu salario y cómo se compara ese interés con la inflación en el país?
   - ¿Tenemos en nuestra ciudad empresas que prestan dinero con intereses exorbitantes?

- ¿Se ofrece crédito que se paga semana a semana o día a día? ¿Quiénes ofrecen ese crédito?
- ¿Son los contratos de créditos entendibles o están escritos en un idioma legal que reconoces pero no entiendes?

6. ¿Cuántas deudas tenemos y cuánto dinero debemos? ¿Hay algo que debamos hacer al respecto?

7. ¿Tuvo alguno de nosotros una clase de educación financiera en la escuela?

8. Si no la tuvimos, ¿podríamos implementar el libro *Hijos que prosperan* para educar financieramente a nuestros hijos?

CAPÍTULO 3

IDEAS QUE HACEN LA DIFERENCIA

LAS IDEAS TIENEN CONSECUENCIAS

De nada vale tener un Zico, un Zinedine Zidane, un Roberto Baggio, un Ronaldinho o un Messi si no trabajan bajo la tutela de un buen director técnico. El entrenador le provee «alma» al equipo y construye su cultura. Le da una personalidad particular y lo orienta para llevarlo al tope del mundo de los deportes.

Algunos técnicos son legendarios por el impacto que han tenido en los equipos que dirigieron e, incluso, en el desarrollo del deporte: Alex Ferguson (Manchester United), Pep Guardiola (Barcelona), Valeriy Lobanovskyi (Dinamo, Kiev), Rinus Michels (selección holandesa, nombrado «el entrenador del siglo» por la FIFA). Si sigo nombrando directores técnicos, ¡me voy a meter en problemas! Pero la lección principal es que estos entrenadores no solo se enfocaron en lo atlético, sino también fueron filósofos del fútbol.

Michels, por ejemplo, creó el «fútbol total» en los años 70 y también la famosa «Naranja Mecánica», como se llamó a la selección holandesa de fútbol. El ucraniano Valeriy Lobanovskyi fue, de acuerdo con ESPN, uno de los más grandes pensadores en la historia del fútbol.[1]

Las ideas tienen consecuencias.

Las ideas pobres te llevan a lugares pobres. Las grandes ideas te llevan a sitios donde tú nunca has estado. Te invito a que descubramos juntos las grandes ideas del mundo financiero familiar.

Paradigmas, principios y valores

Todos tenemos una forma de entender la vida, de darle sentido a lo que ocurre a nuestro alrededor. La manera en que entendemos el funcionamiento del universo tiene un profundo impacto sobre cómo tomamos decisiones. Y la manera en que tomamos decisiones nos lleva por el camino del éxito o el fracaso en el mundo del dinero.

Las ideas y conceptos que tenemos para entender la forma en que funciona el mundo a nuestro alrededor se llaman *paradigmas*. Estos son poderosos y controlan la manera en que nos comportamos. Sin embargo, tú no podrás cambiar tu situación económica actual a menos que cambies ciertos paradigmas.

Por ejemplo, mis costumbres ancestrales me llevan a creer que el planeta tierra es un ser vivo y, por lo tanto, no debo cortar la tierra y ararla cuando planto semillas para alimentar a mi familia; eso trae consecuencias. Si uno ara la tierra apropiadamente, puede tener una cosecha mucho más productiva que si no la ara.

Si yo creo que «el que no debe no tiene», entonces voy a tender a buscar la manera de pedir prestado y, como consecuencia, caeré como esclavo en las manos de mis acreedores. Con los altos intereses que se pagan en nuestros países, no solo voy a ser un «esclavo financiero del siglo veintiuno», sino que voy a perder dinero, me voy a descapitalizar.

En unos veinte años me voy a estar preguntando cómo puede ser que no avance en mi vida económica. La respuesta es simple: si estoy pagando el 15, el 18 o el 30% anual en mis préstamos (y a veces mucho más), mis deudas crecen a un ritmo más rápido que mi salario.

Las ideas traen consecuencias.

Recuerdo haber escuchado al doctor Tony Evans, fundador y presidente de Alternativa Urbana, en Dallas, Texas, contar una historia que tiene mucho que ver con este concepto de los paradigmas en la vida. Voy a modificar la historia para que tenga un sabor iberoamericano.

Cuenta la historia que hace muchos años, un grupo de barcos de la marina de guerra habían salido a hacer maniobras de combate por varios días. Una noche, con una profunda niebla, uno de los marineros le indicó a su capitán que veía una luz acercarse por la proa.

El capitán, al darse cuenta de que estaban en peligro, le indicó al marinero que hiciera señales con las luces: «Haga una señal a esa barcaza y dígale que estamos a punto de chocar. Aconseje que gire treinta grados».

La respuesta no se hizo esperar: «Aconsejable es que ustedes giren treinta grados».

Entonces el capitán respondió: «Envíe, marinero: soy capitán de la marina de guerra, le ordeno que vire treinta grados».

La respuesta fue inmediata: «Soy un marinero de segunda clase. Aconsejo que inmediatamente cambie su curso treinta grados».

Para ese entonces, el capitán estaba absolutamente furioso. Gritando a viva voz le dijo al señalero: «Dígale a ese estúpido: esta es la fragata de guerra Río Grande. Le intimo a que cambie su curso treinta grados».

Vuelve la contestación: «Este es el Faro de San Sebastián».

La fragata de guerra, muy obedientemente entonces, ¡cambió su curso treinta grados!

Eso se llama haber experimentado un «cambio de paradigma».

Albert Einstein dijo una vez: «Es esencial tener un nuevo tipo de pensamiento para que la humanidad sobreviva y se mueva a niveles más altos».[2] Si aplicáramos esta frase a nuestra conversación financiera, diríamos que *los problemas económicos que afrontamos hoy, no los podremos resolver con el mismo tipo de pensamiento que nos llevó a tener esos problemas en primera instancia.* La única manera de mejorar nuestra situación económica actual es movernos hacia un nivel de ideas y valores más alto que el que nos llevó hasta el lugar en el que nos encontramos en el día de hoy.

Si quieres tener resultados diferentes, no puedes continuar pensando de la misma manera.

Aquí te presento algunos ejemplos de paradigmas que debemos dejar atrás:

- El que no debe, no tiene.
- ¿Qué le hace una mancha más al tigre?
- ¡La última la paga el diablo!
- Date un gusto, ¡te lo mereces!
- Los deseos son necesidades (necesito una nueva computadora, un nuevo teléfono, etc.).
- Lo importante es disfrutar el hoy.
- ¿Por qué esperar hasta mañana si lo puedo tener hoy?
- El que no transa, no avanza.
- El varón es el proveedor del hogar.
- A las mujeres, ni todo el amor ni todo el dinero.
- Compra y ahorra.
- Si no compro a crédito, nunca podré tener nada.
- Compre ahora y pague después.
- La mujer, en la cocina.
- Cada uno con su dinero.

Como puedes ver, algunos de estos paradigmas son bastante enfermizos y nos llevan a tener parejas disfuncionales, y las parejas disfuncionales tienen finanzas disfuncionales.

La mayoría de los gurús financieros que te encuentras en los medios y redes sociales en la actualidad te dicen: «Cambia tus hábitos para cambiar tu persona». Eso funciona por unos meses y, luego, no funciona. Uno debe cambiar de adentro hacia afuera. Cambiar nuestras ideas y valores y aprender a obedecer principios sólidos nos llevan a vivir diferente por el resto de la vida.

Los cambios de afuera hacia adentro no son permanentes. Es como querer manejar un automóvil sin motor o tratar de cabalgar un caballo muerto. Uno debe dejar de creer que los cambios superficiales y cosméticos nos ayudarán a realizar avances verdaderos y permanentes en el área de la prosperidad integral.

Las señoras saben esto muy bien. Todos aquellos que hemos sufrido el rigor de las dietas sabemos que matarnos de hambre por tres semanas para bajar cuatro kilos no sirve de mucho. Lo más probable es que los kilos vuelvan a nuestra vida (y a nuestro cuerpo) un par de semanas más tarde.

Para bajar de peso de una vez y para siempre hace falta un cambio más profundo en nuestro estilo de vida. Necesitamos comenzar a ver de una forma diferente tanto la comida como a nosotros mismos, y también movernos más. Eso, por un lado, nos llevará a decidir establecer una nueva relación entre nosotros y los alimentos que ingerimos; y, por otro, a realizar algún tipo de ejercicio de manera regular.

Al instaurar esa nueva relación con los alimentos, también estableceremos nuevos patrones de selección de las comidas y de cocción. Una vez que se implanten esos nuevos patrones, acompañados de ejercicio diario, nuestro cuerpo reaccionará positivamente al cambio y bajaremos de peso para nunca más volver a ganarlo.

Ya tenemos un compromiso de comer saludablemente y hacer ejercicio con regularidad. La razón primordial del éxito no fue haber hecho una dieta. Fue el resultado, primero, por sobre todas las cosas, de un cambio filosófico interior –una **decisión** que tomamos en nuestro corazón– y, después, de un cambio de comportamiento externo que nos llevó a lograr la meta que teníamos por delante.

La pareja puede creer lo que quiera, pero si no abrazan los paradigmas apropiados, no se sorprendan el día en que venga la tormenta y su fragata se vaya a pique.

El descubrimiento de los Principios P

Cuando comencé a hacer el trabajo de investigación para mi primer *best seller,* titulado *¿Cómo llego a fin de mes?*, estaba como una **tabla rasa,** como un papel en blanco, sin prejuicios ni ideas preconcebidas.

Fui a Chicago a estudiar comunicación social con énfasis en radio y televisión. Me gradué y, cuando en los años 90 me encontré con la organización del doctor Larry Burkett (1927-2003), hacía varios años que yo era el «administrador» (una especie de gerente) de una emisora de radio en español de esa ciudad. Nada que ver con el mundo de las finanzas.

Me tomó unos tres años y medio el trabajo de invesigación sobre el tema para descubrir dónde estaba «la cosa» al momento de manejar exitosamente el dinero del hogar. En el proceso de escuchar, leer, conversar e investigar sobre el tema, descubrí algunas ideas muy inusuales que, creo, son la razón por la que hemos sido tan exitosos en el mundo de habla hispana.

Una de ellas es el decubrimiento de los **Principios P,** los cuales son universales, eternos, colocados en el mundo en el momento de la creación, y que nos llevan naturalmente por el camino de la prosperidad integral.

Si bien hay muchas opiniones al respecto, yo personalmente creo que los valores y los principios no son lo mismo. Los valores son las cosas que estimamos profundamente en la vida. Pueden ser buenos o malos, correctos o incorrectos.

Cuando vivimos en uno de los barrios más violentos de la ciudad de Chicago, nos dimos cuenta de que los miembros de las pandillas que vivían alrededor tenían ciertos valores en sus vidas, aunque enfermizos y disfuncionales. Por ejemplo, valoraban el dinero que provenía de la venta de drogas, pero no valoraban la ley. Valoraban la lealtad, pero no valoraban la vida humana, especialmente la de los miembros de otras pandillas.

Desde mi perspectiva, los valores pueden ser buenos o malos; los principios, por otro lado, son siempre buenos y correctos, y nosotros los obedecemos o no.

Por ejemplo, los principios de construcción de edificios que usamos el día de hoy son los mismos que usaban los romanos hace 2.000 años, los mayas hace 3.000 o los egipcios hace 4.000. Los principios son inmutables y siempre correctos. Nosotros decidimos obedecerlos o desobedecerlos.

En el mundo de las finanzas, los Principios P son como las ideas que debemos tener en mente para mantenernos balanceados y andar en bicicleta; los paradigmas, el mapa que nos permite ver por dónde están los senderos para bicicletas en medio del bosque; y los valores, los materiales con los que ese sendero está construido.

Si desobedecemos los principios del balance, no llegaremos muy lejos con nuestra bicicleta. Si no entendemos el recorrido de los senderos en medio del bosque, es posible que perdamos el rumbo. Si elegimos materiales de construcción pobres para el camino, llegar a la meta será mucho más difícil.

Ya hemos escrito sobre los paradigmas –maneras en las que entendemos la vida– algunas páginas atrás. En el siguiente capítulo hablaremos de los valores que debemos adoptar para ser exitosos en nuestra vida económica.

En lo que resta de este capítulo, entonces enfoquémonos en los Principios P. ¿Cuáles son algunos de estos principios universales que nos pueden llevar, naturalmente, por el camino de la prosperidad integral? Aquí te presento siete:

1. El Principio de la Transformación.
2. El Principio de la Renuncia.

3. El Principio del Orden.
4. El Principio de la Sinergia.
5. El Principio del Compromiso Garantizado.
6. El Principio de la Presunción del Futuro.
7. El Principio de la Verdadera Felicidad.

1. EL PRINCIPIO DE LA TRANSFORMACIÓN

Uno de los grandes descubrimientos que hice hace más de veinte años cuando comencé a investigar el tema de cómo manejar el dinero exitosamente fue que, cuando hablamos del manejo del dinero en la casa o la empresa, «enfocarnos en el **ser** es mucho más importante que enfocarnos en el **hacer**».

Ese es el Principio de la Transformación. Significa que los cambios no ocurren desde afuera hacia adentro, sino en el sentido contrario: desde adentro hacia afuera.

En el mundo del dinero, yo no cambio mis hábitos para cambiar como persona. Cambio como persona para cambiar mis hábitos. Me comprometo a **ser** de una determinada manera y, luego, ello me empuja a **hacer** lo correcto en el momento de manejar mi vida financiera.

Por ejemplo, me comprometo a ser:

- Ordenado
- Paciente
- Moderado
- Íntegro
- Previsor
- Libre
- Perseverante
- Ahorrador
- Transparente…

Y eso me lleva a actuar de una determinada manera cada día, sin importar las circunstancias. No necesito tener una lista de cosas que debo hacer y que no debo hacer. Esas listas no siempre funcionan y no se adaptan a los cambios de la economía del país o del lugar donde vivo en un momento determinado.

Hay dos escuelas de pensamiento para enseñar las finanzas en la actualidad. Por un lado, tienes el encare transaccional y, por el otro, el transformacional. El encare transaccional es el más común y el que menos funciona.

Por ejemplo, si tú y tu pareja tienen varias tarjetas de crédito y algunos préstamos que están haciendo difícil llegar al final del mes, es posible que decidan ir al banco a ver qué se puede hacer. El representante del banco les dice: «¡Ningún problema! Lo que podemos hacer es consolidar todas las deudas en una sola, hacer un plan de pago a siete años y ¡listo!».

¿Qué resolvió esa «solución» bancaria? No resolvió nada. La razón: existe una **causa** por la que tienen profundas deudas. Si no resuelven la **causa de fondo**, de aquí a tres o cuatro años estarán nuevamente en el mismo hoyo, sumado a la refinanciación anterior.

No es que la refinanciación sea incorrecta. Nosotros usamos esa herramienta cuando estábamos hundidos en deudas a comienzo de los años 90 y habíamos comenzado el camino hacia la sanidad financiera de nuestra familia. Lo incorrecto es enfocarnos en el **hacer** sin resolver el **ser**.

La refinanciación de la deuda es una solución transaccional. Arreglarla de raíz, cambiando paradigmas, principios y valores es una solución transformacional. La primera, no dura mucho. La segunda, dura para siempre.

Por otro lado, aprender a **ser** de una determinada manera ayuda a ajustarse a los cambios de circunstancias que ocurren a lo largo de la vida matrimonial. Eso lo vamos a hacer juntos, en la medida en que pases por la experiencia de leer este libro. Poco a poco y casi sin darte cuenta, comenzarás a tomar decisiones que llevarán a tu pareja a un lugar distinto.

Antes de terminar el libro, también recibirás una extensa explicación de las cosas que como pareja deben **hacer** en su vida económica. El **ser** no es suficiente. También hay que poner en práctica todas estas ideas que voy a exponer.

Entonces, tú y tu pareja obedezcan el Principio de la Transformación: tengan la humildad de tomar decisiones para ser diferentes de ahora en adelante. Escriban esas decisiones en un pedazo de papel. Comiencen a caminar en esa dirección y los llevará por el camino correcto.

2. EL PRINCIPIO DE LA RENUNCIA

Uno de los primeros paradigmas que debemos cambiar es la forma en que nos vemos en relación con los bienes que tenemos. La gran mayoría de la gente en el mundo se ve como la dueña de las cosas que posee, y esa es una manera equivocada de verse en el mundo de las finanzas.

Si queremos ser exitosos en la toma de decisiones económicas, entonces debemos **renunciar** a la actitud de ser dueños de lo que poseemos y comenzar a actuar como **administradores** (o gerentes) de las cosas que tenemos la responsabilidad de manejar en nuestra vida financiera.

Luego de estudiar y enseñar este tema a lo largo y ancho del mundo, me he dado cuenta de que la capacidad de una determinada persona para verse como «administradora», «gerente» o «mayordoma» de las cosas que posee es extremadamente importante en el proceso de tomar las decisiones adecuadas para alcanzar la prosperidad integral.

El dueño está emocionalmente «enganchado» con la propiedad. El administrador no. Eso quiere decir que cuando vienen tiempos de dificultad y es importantísimo tomar decisiones difíciles, las parejas que se ven como gerentes pueden tomar mejores y más rápidas decisiones que las que están emocionalmente amarradas a su casa, su auto, su motocicleta o su negocio.

Supongamos que tú vives en Colombia y te han elegido gerente general de una cadena de supermercados. Esta empresa tiene más de cincuenta negocios en todo el país. Sin embargo, al llegar el fin de año notas que uno de los supermercados en Cali no está funcionando bien. Ha estado causando pérdidas durante los últimos tres años y, a pesar de los esfuerzos para reavivar el negocio en esa ciudad, este año ha cerrado con grandes pérdidas nuevamente.

La pregunta es: ¿qué es lo que debes hacer como gerente de esa cadena de supermercados? La respuesta sería, probablemente, cerrar el negocio con problemas y estudiar la posibilidad de abrir otro en alguna otra parte.

Ahora supón que vives en Puerto Rico (y este ejemplo viene de la vida real). Tienes una tienda de alimentos que fundó tu abuelo. El abuelo se la dio en heredad a tu padre y tu padre te la pasó en herencia a ti. El problema es que en los últimos tres años el negocio no ha funcionado muy bien. El año pasado tuvo serias pérdidas y este año no está nada mejor.

Ahora, la pregunta clave es: ¿qué te va a costar más emocionalmente? ¿Cerrar el supermercado de Cali o la tiendita del abuelo? Si bien un supermercado puede tener presupuestos millonarios, probablemente vas a sufrir más cerrando la tienda de alimentos en Puerto Rico.

¿Por qué?... Porque en el primer ejemplo tú eres solo el gerente, el administrador de una cadena de negocios; pero en el segundo, eres el dueño o la dueña.

Esa es la gran diferencia entre ser dueños y ser administradores: el apego emocional. El dueño está emocionalmente apegado a sus posesiones. El administrador está emocionalmente desprendido de las cosas materiales que maneja.

El dueño tiene dificultad para tomar las decisiones difíciles que se necesitan y, muchas veces, las toma demasiado tarde. El administrador sabe que las posesiones que maneja no son suyas y, por lo tanto, como está despegado de las emociones, puede tomar las decisiones difíciles fríamente y a tiempo.

Esta, a veces, es la diferencia entre la vida y la muerte económica.

Recuerdo una historia personal que conté en mi primer libro, *¿Cómo llego a fin de mes?* Permíteme compartirla contigo a continuación para ilustrar mejor esta idea:

Daniela y Juan Carlos viven en Miami. Ahora son excelentes administradores de sus posesiones, pero cuando nos encontramos por primera vez, estaban con una deuda encima que llegaba a los 135.000 dólares. Ambos tenían excelentes trabajos y ganaban muy bien. Pero se encontraban simplemente inundados por la cantidad de pagos mensuales a los diferentes prestamistas con los que habían hecho negocios.

Cuando ellos terminaron el primer análisis de su economía familiar, Juan Carlos se dio cuenta de que si vendían la excelente casa en la que vivían, podrían pagar una buena parte de sus deudas y, de esa manera, «respirar» mejor a fin de mes. Con el tiempo, y después de alquilar en algún barrio más barato por algunos años, podrían tratar de volver a comprar otra casa.

Yo me di cuenta de lo mismo, pero por lo general no le digo a la gente lo que tiene que hacer. De todos modos, después de tantos años de consejería personal, ya me he percatado de que la gente siempre hace lo que quiere, ¡y no lo que uno le aconseja!

Sin embargo, y a pesar de no haber abierto la boca, Daniela miró hacia mí y me apuntó con el dedo diciendo: «Andrés, ¡la casa no! Cualquier cosa, menos la casa».

Yo, por supuesto, traté de calmarla y le dije que decisiones como esas se debían pensar un poco y que quizás con el correr de los días encontrarían otra salida creativa a su situación.

El problema real de Daniela no eran los 135.000 dólares que tenían que pagar. Ese era simplemente la manifestación de otros problemas más profundos en su carácter. Era el «efecto» de una «causa» que no se manifestaba a simple vista. Sin embargo, el problema más importante que Daniela tenía frente a ella era su **actitud**. ¡Y ni siquiera lo sabía!

Daniela estaba emocionalmente apegada a su propiedad. Se sentía dueña, no administradora. Eso, por un lado, no le permitía colocar todas y cada una de las cartas disponibles en la mesa para tomar una decisión acertada; y por el otro, confiaba en el «techo familiar» para que le proveyera una falsa sensación de seguridad cuando, en realidad, la casa no era de ella: era del banco con el que la tenía hipotecada y hasta que no pagara el 100% de su hipoteca, realmente, ¡ni siquiera le pertenecía!

Con el correr de los meses (y gracias al libro *Cómo manejar su dinero*, del doctor Larry Burkett), mis amigos de Miami hicieron un cambio significativo en su actitud con respecto a las finanzas. Todavía guardo un mensaje electrónico de Daniela en mi computadora que dice: «Andrés, yo sé que no está bien que tengamos tantas deudas. Juan Carlos y yo hemos decidido que vamos a salir de ellas. Cueste lo que nos cueste... ¡aunque tengamos que vender la casa!».

Ese día supe que ellos iban a salir de sus aprietos económicos.

Un año después del primer incidente nos encontramos nuevamente y ellos me contaron cómo habían podido rearreglar sus deudas y cómo habían recibido trabajos extras inesperados que les permitieron pagar, el primer año solamente, ¡más de 65.000 dólares de deudas![3]

Yo descubrí a través de los años que desprendernos emocionalmente de las cosas materiales es el primer paso que debemos dar para comenzar a caminar en la dirección correcta hacia el sendero de la prosperidad integral. Decidan hoy mismo desprenderse emocionalmente de sus bienes.

En nuestra casa, cuando tenemos las cosas, las disfrutamos, y cuando no las tenemos, no las extrañamos. Nosotros no establecemos relaciones emocionales con las cosas. Establecemos relaciones emocionales con la familia, los amigos, los miembros de nuestra comunidad de fe… pero no con las cosas. Las cosas están para disfrutarlas, pero no para apegarnos a ellas. Van y vienen. No tengas un lugar para ellas en tu corazón.

3. EL PRINCIPIO DEL ORDEN

El orden es la piedra angular del éxito económico de tu familia. Es el lugar donde comienza el camino hacia la sanidad financiera. Como pareja, deben abrazar el orden. No es suficiente tener un Plan de control de gastos, uno debe amar el orden y convertirse en una persona ordenada, en todas las áreas de la vida. El orden provee estructura y predictibilidad.

Sería catastrófico para cualquier equipo deportivo salir al campo de juego sin ponerse de acuerdo para tener un alto nivel de orden y estructura en el grupo. Los mejores deportistas demuestran tener un alto nivel de orden en sus vidas; los que no, no duran mucho tiempo o arruinan sus carreras.

El propósito del orden es facilitar la búsqueda; el resultado, es la prosperidad integral. El orden permite la obtención de información específica de una manera eficiente. Recordemos que la información es poder. El orden les dará a ustedes, como pareja, el control sobre el dinero y no permitirá que este tome el control de su vida matrimonial.

Además, debemos ordenarnos porque el ser humano ha sido creado con una tendencia natural hacia el orden. Piénsalo: el universo tiene un orden, el sistema solar tiene un orden, existen leyes en la naturaleza que proveen orden al mundo que nos rodea, el cuerpo humano tiene un orden tan impresionante que todavía nos cuesta trabajo entender cómo esa complejidad puede funcionar con tanta armonía.

Parece increíble, pero para los seres humanos la necesidad del orden es más profunda e importante que la necesidad de la libertad. ¡Cuántas veces hemos visto a los ciudadanos de los países más avanzados del mundo entregar libertades civiles en las manos del gobierno con tal de que el gobierno restaure el orden en el país! Esa es una actitud muy normal: en la mente de las personas, el orden antecede a la libertad.

No es una opinión política, es simplemente la observación de un proceso que nos ha tocado vivir en Iberoamérica y alrededor del mundo: cada vez que perdimos el orden social (o el económico), estuvimos dispuestos a entregar parte de nuestras libertades democráticas con el fin de restablecerlo.

Ser disciplinados nos permite actuar eficazmente y manejar los pocos o muchos recursos que tenemos con eficiencia. Muchas veces, mantener el orden y la disciplina son de las pocas cosas que podemos hacer para compensar la falta de recursos económicos que sufrimos de manera casi crónica en nuestros países.

La disciplina nos permite maximizar el tiempo, las capacidades, los talentos y, sobre todo, el dinero que tenemos disponible. En medio de la crisis y la dificultad, lleva una vida ordenada.

Conozco parejas que apenas ganan el equivalente a cien dólares por mes y parejas que ganan más de cien mil dólares al mes. Los dos tipos de parejas tienen algo en común: ¡ninguna tiene suficiente!

El secreto para el manejo exitoso del dinero no está en cuánto ganas, sino en cuánto gastas.

Si no tienes control de lo que gastas, no importa que ganes un millón de dólares al año, ¡no te va a alcanzar! Lo digo por experiencia. En nuestra organización hemos ayudado a muchísimas parejas a organizar su vida financiera, y la realidad es que cuanto más ganas más gastas. Si no tomas control de lo que gastas, no importa cuánto ganes, te vas a meter en problemas.

Solo tienes que ver la vida de algunos futbolistas, artistas o empresarios famosos que, a pesar de haber ganado muchísimo dinero, terminan su existencia viviendo muy apretadamente o con altos niveles de deudas.

Recuerdo que salí de Buenos Aires rumbo a Chicago cuando tenía veintidós años con el fin de cursar estudios universitarios en Estados Unidos. Si has nacido y crecido como yo, en un país con un alto índice de inflación, entonces sabes que tener control de tus finanzas es una cuestión de vida o muerte. La diferencia entre comer o no comer a fin de mes tiene que ver con las decisiones económicas, sabias o no, que hemos tomado.

Si eres una persona religiosa, sabes que el primer acto del Creador al momento de la creación fue traer orden al caos. El mundo estaba en «caos y confusión», dice Moisés en el libro de Génesis.[4] Esa es la misma tarea que tienes que hacer con tus finanzas: traer orden al desorden en el que has vivido todos estos años. Hacer la obra de Dios en tu vida.

La buena noticia: en unas páginas más adelante te voy a mostrar a ti y a tu pareja cómo pueden hacerlo.

4. EL PRINCIPIO DE LA SINERGIA

De este principio ya hablamos anteriormente: dos son mejores que uno. Las parejas más exitosas en el manejo del dinero son las que trabajan como un solo cuerpo. Cuando la pareja trabaja como equipo, entonces en vez de competir, se complementan. Cada uno entiende sus roles dentro del equipo, adopta los mismos valores, obedece de la misma manera los Principios P y funciona bajo los mismos paradigmas de vida.

Son un equipo en el que cada uno funciona dentro de sus fortalezas y complementa las debilidades de su cónyuge. Multiplican, y no dividen. Aportan, y no restan. Son un fenómeno en el que uno más uno ya no es dos. Ahora puede ser dos y medio, tres... ¡o cuatro!

Por eso algunas parejas prosperan mientras que otras se quedan estancadas: las que trabajan juntas son mucho más eficientes, efectivas y productivas que las que no. Aprendamos a trabajar juntos y apoyarnos en un proyecto de vida en común.

5. EL PRINCIPIO DEL COMPROMISO GARANTIZADO

Este principio lo aprendí del que fue uno de mis mentores más influyentes, el doctor Larry Burkett. Él lo llamaba *surety*, en inglés. Como no encontré ninguna buena traducción para esa palabra en español, decidí llamarlo *compromiso garantizado*.

Hace algunos años escribí un libro, que publicó Thomas Nelson (HarperCollins), titulado *El hombre más rico del mundo*. En él explico ideas que llevaron a la prosperidad a un famoso multimillonario del Medio Oriente llamado Suleimán. Nosotros, en Occidente, lo conocemos con el nombre de Salomón.

El concepto del Principio del Compromiso Garantizado es una de las ideas salomónicas que han quedado guardadas en manuscritos antiquísimos reverenciados por dos de las religiones más influyentes del mundo: el cristianismo y el judaísmo. Uno de esos conceptos dice: «Nunca te hagas responsable de las deudas de otra persona, pues si no tienes con qué pagar, hasta la cama te quitarán».[5]

Eso significa que uno no debería asumir compromisos económicos si no tiene una forma **cierta** de pagarlos. Entonces, cuando los asumimos, deberíamos tener una manera **garantizada** de poder cumplir con esos compromisos.

Por eso, tantos empresarios y familias en Iberoamérica se meten en serios problemas económicos: contraen deudas sin una garantía de poder cumplirlas.

Cada vez que entramos en un compromiso económico, lo primero que deberíamos preguntarnos es: «¿Cómo salimos?». Cada vez que solicitamos un crédito, deberíamos preguntarnos: «¿Dónde está mi salida de emergencia de esta situación?». Si no puedo construirme una «puerta de emergencia» para salir del compromiso, ¡nunca lo debo asumir!

Esa es la fuente de tantos dolores de cabeza que tratamos de sanar en la medida en que ayudamos a las parejas a ser financieramente sanas en el mundo de habla hispana.

Entonces, el Principio del Compromiso Garantizado dice que «uno no debe hacer un compromiso económico a menos que tenga la certeza absoluta de que lo puede pagar».

Dicho de otra manera: nuestro **activo** siempre debe ser mayor que nuestro **pasivo**. Lo que tenemos debe ser siempre de más valor que lo que debemos.

Por ejemplo: si uno compra un televisor para pagar a plazo, ni bien lo lleva a casa, ese televisor comienza a perder valor. Si quiere venderlo al mes o a los dos meses después de haberlo comprado, puede ser que lo tenga que vender a un 30 o 40% de descuento respecto de su valor original. Sin embargo, la deuda contraída por el televisor no ha bajado tan rápido.

Ahora, el pasivo (lo que debemos por el televisor) es más grande que el activo (el valor real del televisor en el mercado). Hemos violado el Principio del Compromiso Garantizado. Un gravísimo error al tomar una decisión económica.

Lo mismo ocurre con la adquisición de un auto, una computadora, un teléfono celular, artículos para el hogar, o en el comienzo de nuevos negocios: nunca deberíamos comprar en pagos cosas que pierden valor a través del tiempo. Esos son **bienes de consumo** y se deben pagar con dinero en efectivo (o con una tarjeta de débito).

Por ejemplo: supongamos que quisiéramos comprar un automóvil. Lo compramos por 20.000 a pagar en cinco años con un interés del 5% anual (¡un magnífico interés para muchos países de Latinoamérica!). En el proceso de la compra, decidimos no dar ningún anticipo (como ahora se acostumbra en muchos países). Sin embargo, a los doce meses se nos presenta una emergencia y lo tenemos que vender.

Un auto puede haber perdido hasta un 30% de su valor el primer año de uso. Por lo tanto, ahora nuestro auto solamente vale unos $14.000 en el mercado de los vehículos usados. La mala noticia es que nosotros todavía tenemos una deuda de $16.000. Entonces perdemos todos los pagos que hemos hecho, perdemos el auto, ¡y todavía tenemos casi 2.000 de deuda!

Este no es un ejemplo exagerado. Es una historia que escucho una y otra vez en toda Iberoamérica como consecuencia de violar el Principio del Compromiso Garantizado.

Mira la tabla 3.1 provista por *Car Payment Calculator* en la web:[6]

La solución para este problema hubiera sido dar un «enganche» o anticipo de unos 4.000 al comienzo de la transacción para que doce meses después, cuando llegara el tiempo de las «vacas flacas» y algo inesperado apareciera en nuestra vida, pudiésemos tranquilamente vender el auto, pagar los 13.000 que tendríamos de deuda, ¡y quedarnos, por lo menos, con 1.000 en el bolsillo!

Recordemos, entonces: cada vez que vayamos a contraer una deuda en la familia, la primera pregunta que debemos hacernos es: «¿Cómo salimos de ella?». Si no tenemos una forma garantizada de poder pagar esa deuda en caso de emergencia, no deberíamos hacer el compromiso.

TABLA 3.1

CUOTA	FECHA	PAGO	PRINCIPAL	INTERÉS	BALANCE	DEPRECIACIÓN	VALOR AUTO	CAPITAL
Compra	6 de enero	$0,00	$0,00	$0,00	$20.000,00	$3.000,00	$17.000,00	$-3.000,00
1	6 de febrero	$377,42	$294,09	$83,33	$19.705,91	$212,50	$16.787,50	$-2.918,41
2	6 de marzo	$377,42	$295,31	$82,11	$19.410,60	$212,50	$16.575,00	$-2.835,60
3	6 de abril	$377,42	$296,54	$80,88	$19.114,06	$212,50	$16.362,50	$-2.751,56
4	6 de mayo	$377,42	$297,78	$79,64	$18.816,28	$212,50	$16.150,00	$-2.666,28
5	6 de junio	$377,42	$299,02	$78,40	$18.517,26	$212,50	$15.937,50	$-2.579,76
6	6 de julio	$377,42	$300,26	$77,16	$18.217,00	$212,50	$15.725,00	$-2.492,00
7	6 de agosto	$377,42	$301,52	$75,90	$17.915,48	$212,50	$15.512,50	$-2.402,98
8	6 de septiembre	$377,42	$302,77	$74,65	$17.612,71	$212,50	$15.300,00	$-2.312,71
9	6 de octubre	$377,42	$304,03	$73,39	$17.308,68	$212,50	$15.087,50	$-2.221,18
10	6 de noviembre	$377,42	$305,30	$72,12	$17.003,38	$212,50	$14.875,00	$-2.128,38
11	6 de diciembre	$377,42	$306,57	$70,85	$16.696,81	$212,50	$14.662,50	$-2.034,31
12	6 de enero	$377,42	$307,85	$69,57	$16.388,96	$212,50	$14.450,00	$-1.938,96

6. EL PRINCIPIO DE LA PRESUNCIÓN DEL FUTURO

Esta es la segunda razón más común por la que las familias y los empresarios del continente se meten en serios problemas económicos y tiene que ver con la manera en la que manejamos el riesgo al asumir compromisos financieros.

Es el único principio negativo que enseñamos en Cultura Financiera. La Presunción del Futuro es contraer compromisos presentes basados **solo** en ganancias futuras. Ese es «nuestro pan diario» en el mundo de habla hispana. Lo hacemos todo el tiempo y nos metemos en problemas de los cuales no sabemos cómo salir.

Nunca deberíamos asumir compromisos presentes basados **solo** en entradas futuras. Deberíamos establecer esos compromisos con una mezcla de entradas pasadas y entradas futuras.

Por ejemplo: Ricardo es un empresario que vive en Miami y quiere comprarse una máquina para su fábrica que cuesta 10.000 dólares. Él me dice: «Pero Andrés, si yo compro esta máquina de 10.000 y me produce 1.000 mensuales, eso es suficiente como para poder pagar las cuotas. ¿Por qué no hacerlo?».

A lo que yo le respondo: «¿Y cómo sabes que la máquina te va a producir lo suficiente para pagar las cuotas? ¿Cómo sabes que no te vas a enfermar de aquí a doce meses? ¿Cómo sabes que el negocio te va a ir tan bien el año que viene como este año, o que de pronto no vamos a sufrir una pandemia mundial y las ventas se te van a ir al sótano?».

Estas no son preguntas exageradas. Están basadas en la experiencia. Esa es la manera en la que los negocios y las familias se meten en serios problemas y se descapitalizan perdiendo el fruto de muchos años de *sangre, sudor y lágrimas* para tener algún ahorro.

Si yo fuera a comprar la máquina, ¿cómo lo haría? Compraría la máquina y daría un 50% de enganche (U$5.000). Luego, pediría un préstamo por los otros 5.000. Como la máquina vale 10.000 y yo estoy pidiendo solo 5.000, coloco la máquina como garantía del préstamo. Si Papá Dios me pide el alma esta noche o hay una crisis económica nacional, mi familia puede devolver la máquina y quedar libre del préstamo. Sí, se perdieron los 5.000 dólares que pusimos de enganche, ¡pero tengo a mi familia libre de la esclavitud de las deudas! Así siempre es mucho más fácil empezar de nuevo.

Por supuesto, siempre que pueda, también podríamos vender la máquina y recuperar algo de la inversión realizada. Pero, de todas maneras, lo más importante es que cuando evitamos la Presunción del Futuro eludimos dolores de cabeza y, a largo plazo, eso hace una gran diferencia en nuestra vida financiera familiar.

El asunto no es contraer deudas o no. Es no ser suicidas. A veces, nosotros somos nuestros peores contrincantes. Debemos aprender a manejar mejor el tema de los compromisos económicos familiares.

7. EL PRINCIPIO DE LA VERDADERA FELICIDAD

Creo que no hay un principio que afecte más nuestra experiencia de vida que el Principio de la Verdadera Felicidad. En algunos círculos lo llaman el *Principio del Contentamiento*. Pero de cualquier forma que lo llamen, es escencial para tener una buena y balanceada experiencia de vida.

Lo que voy a decir no tiene un estudio científico que lo apoye, pero después de haber viajado más de tres millones de kilómetros alrededor del mundo en los últimos veinte años, me da la impresión de que la mayoría de los dolores de cabeza financieros que tienen las parejas en el día de hoy, especialmente las parejas jóvenes, están relacionados con la violación del Principio de la Verdadera Felicidad.

¿Qué dice este Principio P? Que «todos debemos aprender a ser felices en el lugar económico en el que vida nos ha colocado hoy». Si crees en Dios, yo te diría que el Principio del Contentamiento afirma que «todos debemos aprender a ser felices en el lugar económico donde **Dios** nos ha colocado el día de hoy».

A menos que estemos en la pobreza absoluta (ganando menos de dos dólares al día), lo más importante en el tema económico familiar no es la cantidad de dinero que ganamos o gastamos. Es la experiencia de vida que tenemos: ¿hemos amado? ¿Nos han amado? ¿Cuál es la relación que tenemos con nuestros hijos y familiares? ¿Hemos dejado un legado más allá de nosotros mismos?

El último día de tu vida, lo más importante no va a ser qué tan grande fue tu casa, cuántos autos te compraste, el tipo o marca de ropa que vestiste o cuántos viajes realizaste alrededor del mundo. En ese último momento de tu existencia la pregunta más importante será: «¿Cuál fue tu experiencia de vida?».

Mucha gente que posee dinero no tiene una buena vida. Su existencia transcurre en medio de conflictos, peleas, amarguras, con relaciones destrozadas y, finalmente, mueren solos. También le pasa a los que tienen poco dinero, pero uno esperaría que la gente con mucho dinero tuviera una experiencia mucho más rica y profunda.

Las oficinas de mercadeo de productos conocen nuestra necesidad de encontrar la felicidad. Por eso, trabajan arduamente para hacernos sentir insatisfechos con lo que poseemos y empujarnos a comprar cosas que no necesitamos, con dinero que no tenemos, para impresionar a gente ¡que ni siquiera conocemos!

Cuando no hay contentamiento en nuestra vida, tenemos la tendencia a malgastar dinero que, en realidad, no deberíamos gastar. Eso nos crea problemas al momento de acumular recursos y crear riqueza.

Por otro lado, ahora que vivo en Estados Unidos, me he dado cuenta de algo muy interesante: es más divertido tener dinero que no tenerlo (mis disculpas a los que piensan diferente).

Yo crecí en un barrio muy normal del oeste de la ciudad de Buenos Aires. En mi niñez (y aun antes de que yo viniera al mundo), mi familia pasaba importantes limitaciones económicas.

Sin embargo, ahora que soy «el Doctor Andrés Panasiuk» (los doctorados son honorarios), conferencista internacional, autor de libros *best sellers* de mi casa publicadora, y asesor de empresarios y gente de gobierno, tengo amigos que tienen mucho, pero mucho dinero. Entonces, me he dado cuenta de que ¡tener dinero es más divertido que no tenerlo!

Eso ocurre porque cuando uno tiene importantes sumas de dinero a su disposición y necesita una casa, simplemente busca el lugar que más le agrada, la casa que satisface esas necesidades, y la compra. Para nosotros, el resto de los «mortales», representaría un largo proceso y mucho sacrificio. En el caso de alguien con una importante cantidad de activos, simplemente constituye una elección entre comprar o construir la casa de sus sueños.

Si nosotros queremos comprarnos un automóvil, debemos hacer cálculos, ver si podemos pagar las cuotas, considerar el mantenimiento, el costo de la gasolina… Para una persona con recursos, la cuestión es encontrar el tipo de transporte que la familia necesita (no siempre el más caro), y simplemente comprarlo. El dinero no es tan relevante.

Cuando uno cuenta con dinero, entonces puede tener la casa que más le gusta, el auto que quiere, hacer los viajes que siempre ha soñado, organizar fiestas con amigos regularmente y tener experiencias con las cuales ni siquiera ha soñado de niño. Definitivamente: tener dinero es más divertido que no tenerlo.

Ahora bien, uno nunca debería confundir **diversión** con **felicidad**. Diversión es una cosa. Felicidad es otra totalmente diferente. La felicidad es un estado del alma, y no tiene nada que ver con la cantidad de dinero que se tenga. También es una decision personal. Cada uno de nosotros debemos decidir ser felices en el «lugar» económico en que nos encontramos.

Yo no puedo tomar esa decisión por ti. Es una decisión que solamente cada uno de nosotros podemos hacer. Ustedes, como pareja, pueden decidir **hoy mismo** ser felices con la vivienda que tienen, con el transporte que poseen, con la ropa de que disponen, con el esposo o la esposa que Dios les ha dado y la familia que Él les ha regalado. Pueden hacerlo, y les va a cambiar la vida.

Eso significa obedecer el Principio de la Verdadera Felicidad. No estoy hablando de conformismo. Estoy hablando de **contentamiento**: de aprender a ser felices en el lugar económico en el que estamos hoy. Si el año que viene tenemos más, estaremos felices con más. Si en cinco años tenemos aún más, seremos felices con aún más. Y si en diez años lo perdemos todo, aprenderemos a ser felices con nada.

Si mal no recuerdo, fue justamente Jesús, hace dos mil años, el que nos enseñó que la felicidad en nuestras vidas no debería depender de la cantidad de bienes que poseemos.[7] Esto era verdad hace dos mil años en el Medio Oriente y es verdad en tu ciudad el día de hoy. Ya es hora de que recordemos estas antiguas enseñanzas...

Ese tipo de actitud salva relaciones, salva matrimonios y salva vidas.

TIEMPO CON TU ENTRENADOR

Lean juntos estas preguntas y traten de responderlas:

1. ¿Qué «dichos populares» se comentaban en tu casa con respecto a las cosas y al dinero?
Ejemplos:

   - El que no debe, no tiene.
   - ¿Qué le hace una mancha más al tigre?
   - ¡La última la paga el diablo!
   - Date un gusto, ¡te lo mereces!
   - Lo importante es disfrutar el «hoy». ¡Vive el hoy!
   - El que no transa, no avanza.
   - El varón es el proveedor del hogar....

   Escriban los criterios que existían en cada una de sus casas y comenten si coinciden con los que ustedes, en su nueva familia, consideran en la actualidad.

2. Escribe lo que crees sobre los cambios de vida. ¿Se hacen de afuera hacia adentro (mis hábitos cambian mi persona) o de adentro hacia afuera (tomo la decisión de cambiar como persona y eso cambia mis hábitos)?

3. ¿Cómo se comportan en la pareja: como «dueños» de lo que tienen o como «gerentes» de una empresa? Conversen para descubrir las cosas con las que han desarrollado una conexión emocional. Tomen la decisión de cortar el «cordón umbilical emocional con esas cosas».

4. Piensa con honestidad: ¿hay orden en la vida económica familiar? ¿Cómo podrían traer más orden a sus finanzas? (Recomendamos que tomen juntos el curso en línea llamado «El secreto del dinero» que se ofrece en **www.culturafinanciera. org.**)

5. Pregúntense: ¿estamos complementándonos o compitiendo en el tema del dinero en nuestro matrimonio?

6. Es cierto que queremos prosperar. Pero, ¿cómo definimos «prosperidad» o «éxito» en la vida? Si esa es una meta, mi recomendación es que la tengan clara. Cuando no tenemos el producto final claro en la mente, entonces navegamos por la vida sin un rumbo fijo. Repito: ¿qué es «prosperidad» para cada uno de ustedes?

CAPÍTULO 4

LA VESTIMENTA APROPIADA

VALORES QUE HACEN LA DIFERENCIA

Nadie llega a competir en las olimpíadas de natación vestido de traje. Cada deporte requiere una indumentaria específica y esta es esencial para tener las mejores oportunidades de triunfo.

Como lo expliqueráramos anteriormente, los valores son la «vestimenta» que nos ponemos para jugar en la carrera financiera de la vida. Los mismos pueden ser buenos o malos. Sin embargo, tener la **ropa apropiada** hace una gran diferencia y, muchas veces, es determinante entre ganar o perder una competencia.

The Centers for Advanced Orthopaedics (El Centro de Ortopedia Avanzada) en el estado de Maryland, Estados Unidos, dice: «Ya sea que corras, juegues al *hockey*, al tenis o te guste hacer largas caminatas, el calzado adecuado puede marcar la diferencia entre disfrutar de tu actividad favorita y quedar marginada(o) por una lesión».[1]

Por eso quisiera tener especial cuidado al escribir esta sección, porque no tener la «vestimenta» apropiada –no tener los valores correctos– puede llevarte a experimentar una «lesión financiera» y producir un retraso importante en su caminar como pareja hacia la verdadera prosperidad familiar.

Hay diez valores que me gustaría que tú y tu pareja abrazaran con el fin de poder vestirlos apropiadamente para el juego financiero de la vida. Les voy a hacer una lista que **no** estará en orden de importancia y luego les voy a explicar cada uno de sus puntos.

Si los adoptan serán imparables.

Diez valores para la prosperidad:

1. El orden
2. La comunicación transparente
3. La generosidad
4. La libertad
5. El trabajo en equipo
6. El dominio propio
7. La moderación
8. La integridad
9. La perseverancia
10. El ahorro

1. EL ORDEN

No hace falta ir demasiado profundo en este tema, porque ya lo explicamos cuando hablamos de los «Principios P» y, además, posteriormente vamos a mirar juntos cómo ordenamos nuestra vida financiera de una manera práctica. Solo basta decir que es en extremo importante que los dos miembros de la pareja abracen el valor del orden en sus vidas. Ese es el primer paso en el sendero hacia la sanidad financiera y la prosperidad íntegral.

2. LA COMUNICACIÓN TRANSPARENTE

Cualquier equipo deportivo requiere un excelente nivel de comunicación, tanto con el entrenador como entre los jugadores. Esa es la mejor manera de mantenerse coordinados y saber cuál es la siguiente movida en el partido.

De igual manera, la comunicación financiera es esencial en una pareja que participa como un equipo en el juego de la vida.

Necesitan adquirir los mismos paradigmas, obedecer los mismos Principios P, abrazar los mismos valores y ponerse de acuerdo en cuál será la próxima jugada con miras al cumplimiento de metas comunes.

Cuando viajo por el Lejano Oriente, por ejemplo, siempre me sorprende el alto nivel de comunicación financiera que existe en las parejas de Singapur. No es de extrañar entonces que la pequeña Singapur, con cinco millones de habitantes, tenga 207.000 personas ¡con más de un millón de dólares en el banco![2]

Comunicación regular

Con el fin de establecer un buen nivel de comunicación como pareja, les recomiendo que lean libros y hagan cursos juntos. Para ver qué libros y cursos ofrece, por ejemplo, Cultura Financiera, pueden visitar nuestro sitio en *www.culturafinanciera.org* y elegir un curso para hacer en pareja. También pueden buscar y descargar nuestra aplicación en su dispositivo móvil.

Leer un libro o estudiar un curso juntos les permitirá crear «cultura común» en la pareja y la familia. De ahí viene, por ejemplo, eso de que «mis abuelitos siempre pensaban de esta o aquella manera», o «en mi casa las cosas siempre se hacían así». Eso es cultura común y resulta esencial al momento de marchar en la misma dirección en el mundo de las finanzas.

También recomiendo tener reuniones regulares en las que hablen de cuánto entró, cuánto salió, a dónde salió y cómo se compara eso con el Plan de control de gastos o el «Nuevo pacto» que haya establecido la pareja (explico eso un poco más adelante).

Mi recomendación es que la pareja tenga reuniones semanales, mensuales y anuales:

- Una reunión semanal (puede ser el sábado o el domingo durante el desayuno), que no dure más de una o dos horas.

- Una reunión mensual de unas dos o tres horas, al final de cada mes o al comienzo del siguiente, en la cual evalúen el mes anterior y tomen decisiones para el que viene.
- Una reunión anual de todo un día, solos (sin hijos), para evaluar la situación actual, comparar el plan con la realidad del año anterior y tomar decisiones importantes para modificarlo de cara al año por venir.

Hablar regularmente, estudiar materiales juntos y evaluar en pareja el Plan de control de gastos es esencial para que la «máquina financiera» funcione de manera aceitada y eficiente.

Comunicación transparente

Por último, la comunicación debe ser honesta y transparente. Se debe hablar con honestidad de la vida económica de la familia y ser transparentes sobre la forma en que se maneja el dinero y se cumple con el Plan de control de gastos.

Para eso es importante crear un espacio seguro en el que la pareja pueda decirse la verdad. Si cometí un error gastando demasiado en un determinado rubro o si compré algo que no debía haber comprado, es importante que la pareja tenga un espacio seguro en el que yo pueda decir la verdad sin temor a represalias.

Si cuando alguno de los dos comete un error y lo confiesa a su pareja, la esposa o el esposo comienzan a gritar, amenazar, golpear la mesa, dar portazos y perder los estribos, entonces la próxima vez no dirá nada, porque nadie es masoquista... nadie disfruta de su propio dolor. Por ende, la actitud normal es esconder el error.

Ese tipo de actitudes no nos permiten desempeñarnos como un equipo ganador. Estamos jugando el uno en contra del otro, o por lo menos, no nos ayudamos.

De la misma manera, no solo debemos ser transparentes en nuestros gastos, sino también en nuestras ganancias. Todo ingreso, de cualquier fuente, debe ir a un pozo común y de ese lugar debe salir el pago de todos los gastos familiares.

Aquí la religión cristiana nos ayuda. Si te casaste por la iglesia, seguramente habrás oído durante la ceremonia el famoso pasaje escrito por Moisés en el libro de Génesis que dice: «El hombre deja a su padre y a su madre para unirse a su esposa, y los dos llegan a ser como una sola persona».[3]

En el cuerpo de una persona, los recursos se comparten. Todos los ingresos van al mismo lugar, y la sangre reparte los nutrientes a todo el cuerpo según sea necesario. Cuando el cuerpo no hace eso, está en peligro de muerte. Lo mismo ocurre en una empresa: todos los ingresos, de los diferentes productos, entran a un mismo lugar y de allí se pagan los gastos.

Somos un solo cuerpo. Funcionemos de esa manera. Valoremos la comunicación honesta y transparente para traer prosperidad a nuestra familia.

3. LA GENEROSIDAD

La generosidad es una expresión externa de una condición espiritual interna. Para llegar a la prosperidad integral, no es suficiente progresar económicamente. También es necesario compartir con los demás: ayudar al caído, restaurar al herido, darle una mano al que está en dificultad, dejar un legado más allá de nosotros mismos.

Cuando vivíamos en Chicago, a mi esposa Rochelle y a mí nos gustaba visitar los museos de la ciudad. Uno de los más interesantes es el Museo Field de Historia Natural.[4] Es un lugar único en el mundo. Si tienes la oportunidad de viajar a Chicago alguna vez, visítalo.

Entre las interesantes colecciones que contiene el museo está una increíble de mariposas, aproximadamente 90.000 de ellas. Algunas muestran una belleza realmente impresionante. Si te resulta más fácil viajar a la Argentina, otro lugar para visitar sería el Museo Mariposas del Mundo,[5] en la localidad de San Miguel, provincia de Buenos Aires; allí tienen unos 70.000 ejemplares. Sin embargo, hay una gran diferencia entre una mariposa que admiras en el museo de Chicago o el de San Miguel y la que verías en el jardín de mariposas del Museo Nacional de Costa Rica.[6] Las dos tienen una belleza inigualable. Pero una está muerta y la otra, viva.

Esa es la diferencia entre una persona que simplemente ha acumulado mucho dinero y alguien que ha aprendido a ser una persona generosa de corazón: la segunda tiene vida.

En la medida en que abrazas nuevos paradigmas de vida y te preparas para tener una vida de prosperidad integral, necesitas cambiar el paradigma de la generosiad. El famoso multimillonario rey Salomón decía: «El que es generoso, prospera; el que da, también recibe».[7]

Por supuesto, esta no es una fórmula mágica para prosperar en la vida. Para prosperar, uno necesita hacer muchas más cosas que simplemente darle dinero a alguien. Pero un corazón generoso tiene lo que se necesita para ser feliz: sabe vivir desapegado de los bienes materiales y valora las cosas importantes de la vida.

Cualquiera que sea tu posición económica, creo que es importantísimo que aprendamos a compartir nuestras bendiciones. Si no lo hacemos, morimos un poco como personas. Hemos sido diseñados para compartir lo poco o lo mucho que tengamos; las alegrías y las tristezas. El egoísmo o la avaricia no le caen muy bien al espíritu.

4. LA LIBERTAD

Hace algún tiempo escribí un libro para padres de hijos con una edad entre seis y catorce años titulado *Hijos que prosperan*. En sus páginas incluí una linda historia, adaptada, que ilustra la idea de cómo y cuánto debemos amar la libertad. A continuación te la presento. ¡Que la disfrutes!

Se dice que hace mucho tiempo, en el corazón de África, había un zoológico que tenía un tigre sin color. Todos sus tonos eran grises, blancos y negros. Era tan así, que parecía salido de una de esas películas antiguas en blanco y negro.

Sin embargo, su falta de color le había hecho muy famoso. Tan famoso, que los mejores pintores del mundo entero habían visitado su zoológico tratando de colorearlo, pero ninguno de ellos había conseguido nada: todos los colores y pigmentos resbalaban en su piel.

Fue entonces cuando apareció Chiflus, al que llamaban el pintor chiflado. Era un artista extraño que andaba por todas partes pintando alegremente con su pincel. En realidad, hacía como si pintara, porque nunca mojaba su pincel, y tampoco utilizaba lienzos o papeles; solo pintaba en el aire, y por eso decían que estaba chiflado.

Cuando Chiflus dijo un día que quería pintar al tigre gris, todos comenzaron a reírse y burlarse de él; sin embargo, lo dejaron pasar y tratar de todos modos.

Al entrar en la jaula del tigre, el chiflado pintor comenzó a susurrarle a la oreja, al mismo tiempo que movía su seco pincel arriba y abajo sobre el animal. Para sorpresa de todos, la piel del tigre comenzó a tomar colores, los colores y tonos más vivos que un tigre pueda tener. Chiflus estuvo mucho tiempo susurrando al gran animal y retocando todo su pelaje, que resultó bellísimo.

Todos quisieron saber cuál era el secreto de aquel pintor tan genial. Chiflus explicó que su pincel solo servía para pintar la vida real. Por eso no necesitaba usar colores; usaba palabras. Así que había podido pintar al tigre con una única frase que susurró a su oído continuamente. Le dijo: «En solo unos días volverás a ser libre, ya lo verás».

Cuando los responsables del zoológico vieron la tristeza que el encierro le causaba al tigre, y la alegría que le causaba pensar en su libertad, decidieron llevarlo a la selva y lo dejaron ir. Así, viviendo en libertad, el hermoso tigre nunca más perdió su color.[8]

Esta historia, recibida del español Pedro Pablo Sacristán (aunque existe también en la cultura popular de habla inglesa), nos muestra la importancia que tiene la libertad en nuestras vidas. Fuimos creados para ser libres.

Sin embargo, hoy en día hay cientos de miles de familias iberoamericanas que, en vez de disfrutar de la vida, la viven descolorida, como el tigre de nuestra historia. Tienen un gran potencial. Están llenas de color en su interior. Pero las presiones económicas y el alto nivel de endeudamiento las hacen vivir en blanco y negro.

Hay un sabio proverbio del Medio Oriente que dice: «El deudor es el esclavo del acreedor», y esa es una gran verdad. Mi esposa y yo experimentamos el dolor de la esclavitud financiera a finales de los años 80 y comienzo de los 90 en la ciudad de Chicago. Nosotros sabemos y entendemos el dolor y el estrés que sienten las parejas que están bajo presión económica.

Muchos amigos que son consejeros familiares me dicen que el estrés financiero es una de las causas más importantes por las que la gente se divorcia en el día de hoy, y yo estoy totalmente de acuerdo. La presión de las deudas erosiona la relación de pareja. Nadie se casa para divorciarse, ya lo dijimos. Pero los golpes incesantes de los acreedores semana tras semana, mes tras mes, provocan un fuerte impacto en la relación de pareja.

Ama la libertad. Una familia con pocos recursos, pero financieramente sana es mucho mejor que una pareja millonaria con fuertes presiones económicas. Puede que uno no tenga mucho dinero, pero por lo menos no le debe un peso a nadie.

La gente que no debe dinero se restaura mucho más rápido en medio de una crisis económica que la gente fuertemente endeudada. Las parejas que no le deben un peso a nadie tienen opciones. Las endeudadas no.

Hagan un compromiso hoy mismo de vivir en libertad, sin deberle un peso a nadie.

5. EL TRABAJO EN EQUIPO

No voy a tomar mucho espacio para volver sobre este tema. Ya hablamos de la importancia de trabajar juntos, de formar un equipo, de jugar en el lugar del campo en el que somos mejores y de complementarnos en vez de competir para experimentar sinergia en el mundo de las finanzas.

Solo quería mencionar este tema porque debe ser algo que valoremos de manera especial en nuestra vida de pareja. Te darás cuenta de que soy insistente, ¿no? Lo soy, porque tenemos un serio problema en esta área. No sé bien por qué, quizás es una cuestión cultural, quizás es la falta de modelos por parte de nuestros padres en el trabajo en equipo, quizás existe alguna otra razón...

Sin embargo, luego de aconsejar financieramente a tantas parejas desde comienzos de los años 90, he llegado a la conclusión de que tenemos un serio problema en el mundo de habla hispana con el tema de cómo tenemos estructurada nuestra pareja.

Valora el trabajo en equipo. Vivan como un solo cuerpo.

6. EL DOMINIO PROPIO

Recuerdo que después de una conferencia en un país sudamericano se me acercó un joven muy agradable y bien vestido. Su pregunta fue: «Doctor Panasiuk, estoy por casarme y, como toda nueva pareja, queremos nuestro propio lugar donde vivir. Así que pensé comprar, con mi esposa, una casita. El banco me presta 100.000 dólares al 12% anual por 15 años. ¿Usted qué dice?».

Esa fue una muy buena pregunta, porque cada vez más estamos teniendo créditos hipotecarios disponibles en nuestros países. Así que, como siempre, tomé tiempo para contestarle y, a pesar de que te voy a contar una historia mucho más elaborada cuando hablemos sobre la perseverancia, quisiera tomar un momento ahora para compartir contigo esa respuesta.

Esta es la situación:

Préstamo: equivalente a U$100.000
Interés anual: 12%
Cantidad de tiempo: 15 años (180 meses)

Si vamos a cualquier sitio web donde haya calculadoras electrónicas (incusive el sitio de *www.culturafinanciera.org*), podemos colocar esos datos y vamos a descubrir que:

Los pagos mensuales serán de aproximadamente: U$1.200
El pago **total** del préstamo será de unos: **U$216.000**
Piénsalo: pediste U$100.000 y vas a devolver U$216.000

Alguien perdió una casa. Y alguien se ganó una casa en esta historia. ¿Quién ganó y quién perdió? (Y Dios no quiera que el dólar se dispare en esos quince años, entonces tu deuda se va a ir a la estratosfera y estarás en peligro de perder todos tus pagos y encima de perder la propiedad.)

Por esa razón le recomendé a este buen joven que, a pesar de que él podía hacer perfectamente el pago mensual de la hipoteca (porque ganaba bastante bien en su trabajo), hiciera lo que nosotros no pudimos hacer cuando vivíamos en las afueras de Chicago: construir poco a poco.

Si él, su novia, sus padres, junto con algunos tíos y padrinos hiciesen un esfuerzo, quizás podrían comprar un terrenito, y con los 1.200 dólares que tiene disponible cada mes, compraría cemento, ladrillos, varillas y otros insumos necesarios para la construcción. Ni bien pudiesen construir una cocina, un baño y una habitación, me mudaría a la casita y continuaría construyendo «desde adentro».

Eso no es posible en todos los lugares. Hay muchos municipios alrededor del mundo donde se debe terminar completamente la casa en una determinada cantidad de tiempo antes de mudarse a vivir dentro de ella. Pero si se tiene la opción, esa es la mejor. De esta manera, puede que te tome diez años terminarla, o quince, pero, al final, pagarás por tu casa **una sola vez**.

Luego, continuaría invirtiendo el equivalente a esos $U1.200 en la construcción de otra vivienda, otros apartamentos, o usaría ese dinero para comprar pequeños espacios comerciales que pueda rentar en el futuro y, de esa manera, suplir los ingresos de mi jubilación.

Si aprendemos a decir «no» a nuestros deseos del día de hoy para poder decir «sí» a algo mejor mañana, eso se llama *gratificación diferida,* la cual es un ingrediente muy importante en el proceso de progresar económicamente. Sin embargo, practicar la gratificación diferida requiere tener dominio propio.

Un antiguo proverbio chino dice:

«Aquel que conoce a otros es inteligente,
aquel que se conoce a sí mismo es sabio.
Aquel que conquista a los demás tiene poder físico,
aquel que se conquista a sí mismo es verdaderamente poderoso».[9]

«A pesar de haber vencido mil veces a mil hombres en el campo de batalla», dicen los escritos del budismo, «en verdad, el conquistador más honorable es aquel que se ha conquistado a sí mismo».[10]

Shimon Bar Yonah, conocido entre los cristianos como Pedro, anima a los creyentes del primer siglo a tener una mejor experiencia de vida de una manera poética en la que me ha gustado meditar a través de mi vida. Dice San Pedro a sus seguidores: «Y por esto deben esforzarse en añadir a su fe la buena conducta; a la buena conducta, el entendimiento; al entendimiento, **el dominio propio**; al dominio propio, **la paciencia**; a la paciencia, la devoción; a la devoción, el afecto fraternal; y al afecto fraternal, el amor. Si ustedes poseen estas cosas y las desarrollan, ni su vida será inútil ni habrán conocido en vano a nuestro Señor Jesucristo»[11] (énfasis añadido).

El valor del dominio propio es otra piedra fundamental en la construcción del edificio del bienestar que todos deseamos para nuestra familia. Aprender a implementar la gratificación diferida y sacrificar el hoy por un mejor mañana está clavado en el corazón de los secretos para lograr la prosperidad integral.

Haz hoy mismo un compromiso de abrazar el dominio propio.

7. LA MODERACIÓN

Cuando uno viaja por Europa, se da cuenta de que, en general, hay una importante diferencia entre el nivel de vida que tienen los habitantes de los países del norte y los del sur del continente. En algunos casos, la diferencia es bastante notable.

Cuando uno piensa en Suecia, Noruega, Finlandia, Dinamarca, Holanda, Alemania, Suiza, Austria o el norte de Italia, se da cuenta de que la experiencia de vida de los ciudadanos de esos países es, a veces, bastante diferente a la de los portugueses, españoles, italianos, franceses o griegos.

Ahora que me toca viajar cada año por lo menos dos o tres semanas por Europa, me he puesto a pensar en el porqué de esa diferencia económica entre el norte y el sur. ¿Cómo puede ser que Alemania, después de haber sido completamente arrasada durante la Segunda Guerra Mundial, se haya convertido en la economía más grande de Europa al llegar los años 80?

Algunos dirán: «Bueno, Andrés, es que Alemania tuvo la ventaja de tener el Plan Marshall...». Sí, pero el Plan Marshall no fue un regalo, fue un préstamo que Europa pagó a Estados Unidos hasta comienzos del siglo veintiuno. A Grecia también le hicieron su propio Plan Marshall, sin embargo, no prosperó como Alemania.

A mí me parece, humildemente, que el secreto de la prosperidad de esa gente norteña se encuentra en una serie de principios y valores que ellos abrazaron como respuesta al Renacimiento y la Reforma entre los años 1300 y 1600. En mi humilde opinión, creo que esas ideas que influyeron tanto en los europeos del norte como en los Peregrinos que llegaron a las costas de Estados Unidos han hecho una gran diferencia en esos países.

Esos conceptos formaron lo que llamamos muchas veces una *cosmovisión* de la vida. Establecieron paradigmas que llevaron a la gente a comportarse, aun hoy en día, de maneras diferentes y muy beneficiosas desde el punto de vista de la prosperidad integral.

Uno de esos conceptos es la **moderación**, un concepto «marciano» en nuestro continente. Nosotros, los latinoamericanos, nunca hemos sido expuestos a esa forma de vivir porque fuimos conquistados y colonizados por países del sur de Europa.

¿Qué significa la moderación? Si lo dijera mi abuelita: «Vivir ni muy-muy, ni tan-tan». Vivir moderadamente es no vivir como San Francisco de Asís ni como John Rockefeller. Significa vivir en el medio. Balanceadamente. Satisfaciendo nuestras necesidades.

No significa negarnos todo para vivir como pobres a pesar de tener dinero, ni tampoco gastarnos cada peso que tenemos encima con el fin de aparentar un estatus social al que no pertenecemos. Significa pensar: «¿Qué necesito y qué debo comprar para satisfacer **esa** necesidad?».

Te presento algunas ideas que aparecen en mi libro *El hombre más rico del mundo*:

El famoso filósofo Platón decía que una persona que tiene la virtud de la moderación subordina sus deseos personales de placer a lo que le dicta su razón; y en la antigua Grecia, a la entrada del templo de Apolos, en Delfi, decía μηδὲν ἄγαν / *mêdén ágan* (Nada en exceso).[12]

Los Peregrinos llevaron este concepto de vivir con moderación al Nuevo Mundo, y yo creo que fue una de las causas principales por las que prosperaron tanto en el área de Massachussetts, Estados Unidos. Su influencia en la cultura norteamericana es indudable. Muchos norteamericanos hoy en día se comportan con moderación ¡y ni siquiera saben de dónde viene esa costumbre!

Vivir bajo la virtud de la moderación significa que puede que yo tenga todo el dinero para comprarme un automóvil de lujo, descapotable, construido en Alemania y con nombre de niña, pero un auto japonés mediano satisface todas mis necesidades de transporte. Entonces, me compro el auto japonés. No porque ame el dinero o sea un tacaño, sino porque vivo moderadamente: me compro lo que satisface mi necesidad, y me queda en el banco la diferencia entre un auto y el otro.

Cuando vivo así por veinte o treinta años, la diferencia con mis vecinos es clara. En un principio, parece que ellos ganan más que yo y están en una posición económica mejor que la mía. Sin embargo, para cuando tengamos 50 o 55 años de edad, la solidez de mis finanzas ya se hará notar.[13]

Hay un par de provebios milenarios del Medio Oriente que también hablan sobre la moderación y han guiado a millones de personas a través de los años. Uno de ellos dice: «El que se entrega al placer, el vino y los perfumes, terminará en la pobreza».[14]

Otro, no menos famoso, asegura: «En casa del sabio hay riquezas y perfumes, pero el necio gasta todo lo que tiene».[15]

El sueco Ingvar Kamprad, fundador de IKEA, que falleciera hace no muchos años, tenía un activo de por lo menos 3.000 millones de dólares y, a pesar de ello, en el 2006 todavía manejaba un Volvo de dieciséis años de antigüedad, «porque era bueno y seguro», según decía.

Kamprad no manejaba su Volvo porque amaba el dinero. En realidad, él donó a obras de caridad casi toda su fortuna. No era tacaño, simplemente vivía con moderación.

Lo mismo ocurrió con David Cheriton, profesor de Stanford que ganó 1.300 millones de dólares con la venta de sus acciones de Google. Cuando yo conocí acerca de él hace algunos años, vivía sin opulencias y manejaba un Honda Odyssey.

Mi último ejemplo: Warren Buffett, presidente del Consejo y CEO de Berkshire Hathaway (uno de los hombres más ricos del mundo, con unos 74.000 millones de dólares en activos), vivió siempre en la misma casa en Omaha, Nebraska, la cual compró en 1958 por 31.500 dólares. El día de hoy, por supuesto, vale mucho más. Pero si yo tuviese 74.000 millones de dólares en activos, quizás mi casa fuera un tanto más opulenta.

Esta gente no vive de una manera sencilla en comparación con sus fortunas porque son amantes de acumular dinero en el banco. Lo hacen porque son moderados, y esa moderación es una de las razones por las que llegaron a tener lo que tienen el día de hoy.

Tú y tu pareja vivan en moderación. Piensen como pareja: «¿Qué necesitamos y cómo podemos satisfacer esa necesidad?», en lugar de pensar: «¿Qué quiero y cómo puedo comprarme lo que quiero?».

8. LA INTEGRIDAD

La integridad paga, y paga bien. No parece que nos convenga ser completamente íntegros en la forma en que manejamos nuestros negocios o el dinero, pero en el fondo y a largo plazo, ser íntegros nos lleva por el camino de la prosperidad integral.

La integridad es un fruto de la madurez en nuestras vidas. Demuestra que somos consistentes entre lo que parecemos y lo que realmente somos. Nuestro ser y hacer son congruentes.

Yo no vengo a **sermonearte** sobre la integridad con una actitud de **santurrón**. Vengo a recomendarte este camino porque simplemente soy un compañero más en el sendero que nos lleva a ser honestos e íntegros con nosotros mismos, con Dios y con los demás.

Hablando en un acto de graduación de la Universidad de Stanford, el profesor Stephen Carter (autor del libro *Integrity* y profesor de leyes en la Universidad Yale) les dijo a sus alumnos que para poseer una verdadera integridad se requieren tres pasos: «Primero, debes saber qué es lo que crees. Segundo, debes estar dispuesto a actuar en base a lo que crees. Y tercero, quizás lo más difícil, debes estar dispuesto a decir abiertamente que actúas en base a lo que crees».[16]

Cuando he seguido el camino de la integridad, las cosas han andado muy bien en mi vida. La gente quiere trabajar con personas que hacen lo que dicen y son de confianza. Las puertas se abren y aparecen caminos en lugares donde no los había.

Cuando no he sido coherente entre lo que digo y lo que hago, he pagado el precio por la violación de las normas de honestidad e integridad que, como una persona religiosa, guardo en alta estima en lo profundo del corazón, y he herido a Dios, a mí mismo y a aquellos que están a mi alrededor.

Esta es una de las ventajas de haber vivido mucho tiempo: uno puede ver las cosas en perspectiva. Entonces, con la humildad de alguien que ha hecho las cosas bien y a veces mal, te animo de todo corazón a que, como pareja, abracen la integridad como valor familiar. Los va a llevar lejos.

Integridad es:

Hacer lo que se tiene que hacer,

Cuando se tiene que hacer,

Como se tiene que hacer,

A pesar de las consecuencias.

(sea conveniente o no).

En Iberoamérica somos los «reyes» de la ética situacional (las cosas están bien o están mal de acuerdo a la situación en la que nos encontremos). Eso traerá mucha confusión a tu vida y te alejará de la bendición que viene de lo alto.

Hace mucho tiempo leí una historia en la que el famoso presidente norteamericano Theodore Roosevelt, cuando era ranchero, estaba en el campo marcando el ganado y uno de sus vaqueros enlazó un novillo y lo preparó para ser identificado.

El lugar donde habían encontrado al novillo era una zona que estaba bajo la autoridad del vecino de Roosevelt, llamado Gregorio Lang. Según la regla de los ganaderos de ese tiempo, el animal le pertenecía al señor Lang.

Cuando el vaquero estaba listo para aplicar el hierro calentado a fuego y tatuar al animal, Roosevelt le dijo:

«¡Espera!... deberíamos usar la marca de Lang».

«Está bien, jefe», dijo el vaquero.

«No... pero le estás poniendo mi marca», le aclaró Roosevelt.

«Así es», agregó el hombre.

«¡Suelta ese hierro!», le demandó Roosevelt, «vuelve al rancho y ¡estás despedido! Ya no te necesito. Un hombre que roba para mí, me robará a mí el día menos pensado».[17]

Tú nunca sabes los negocios y las oportunidades que no recibes porque, de pronto, tienes reputación de no ser confiable e *íntegro*.

En su libro *Entre dos verdades,* Klyne Snodgrass cita al famoso asesor del presidente Nixon, Charles Colson, fundador de la Confraternidad Carcelaria, quien cuenta en su libro *Amando a Dios* una historia muy interesante sobre el poder transformador de la integridad:

Hace años un juez en el estado de Indiana llamado Guillermo Bontrager se encontró con que tenía que decretar sentencia a un ladrón llamado Federico Palmer. El señor Palmer era un veterano de la guerra de Vietnam, condecorado por su valentía, que se vió involucrado en una situación de robo. De acuerdo con la información que había salido a la luz durante el juicio, el crimen fue causado, en parte, porque Federico había caído en el abuso de drogas y alcohol.

En esa época, las regulaciones de Indiana demandaban que el juez decretara una sentencia de diez a veinte años de prisión por el delito que había cometido Palmer. Sin embargo, unos dieciocho días después del arresto del excombatiente se dictaron unas *nuevas* regulaciones que designaban una pena menor por la misma ofensa. Sumado a esa situación, Palmer había tenido una conversión religiosa profunda y ahora era un cristiano comprometido que daba muestras de un cambio importante en su vida.

La pregunta, entonces, era: ¿debería el juez sentenciar a Palmer (un hombre que nunca había estado antes en la cárcel) a diez años de prisión? ¿O debería declarar las antiguas reglas inconstitucionales para el estado de Indiana y darle una sentencia más leve?

El juez Bontrager hizo lo último. Fred Palmer salió de la cárcel en siete meses, consiguió un trabajo y comenzó a pagar a sus víctimas por el robo que había cometido. Sin embargo, los sucesos siguientes llamaron la atención de la prensa en todo Estados Unidos.

La Corte Suprema de Indiana revocó la decisión del juez y ordenó que Fred Palmer volviera a la cárcel. Los intentos del juez de luchar contra la decisión del tribunal supremo durante los dos años siguientes condujeron a que fuera acusado de desacato y, finalmente, lo llevaron a renunciar a su cargo. Sin embargo, y a pesar de que Federico Palmer fue enviado de nuevo a prisión, veinte meses después, el mismísimo gobernador del estado de Indiana decretó un perdón absoluto y dejó a Federico Palmer en completa libertad.[18]

Es cierto que hacer lo correcto en la vida de un desconocido le costó su trabajo al juez Bontrager. Pero ser fiel a su integridad personal y hacer lo correcto le cambió la existencia a un excombatiente y abrió la discusión a nivel nacional sobre la necesidad de revisar y mejorar el sistema de sentencias.

Tú nunca sabes cómo puedes cambiar el curso de la historia simplemente por tener un compromiso absoluto de hacer lo que es correcto. Por esa razón, como pareja, deben abrazar la integridad y hacer lo correcto, aunque no sea conveniente.

9. LA PERSEVERANCIA

Las parejas más exitosas que conozco son perseverantes a pesar de las circunstancias. Cuando llegan las pruebas y los momentos difíciles, ¡simplemente no se dan por vencidas!

Recuerdo que hace muchos años estaba hablando en un evento de como 15.000 o 20.000 personas en una ciudad de Sudamérica. Los organizadores me preguntaron si podía firmar autógrafos al finalizar el evento. Yo, inocentemente, les dije que sí, pero no me di cuenta de que, con la cantidad de gente que había en el lugar, ¡la fila sería kilométrica!

Luego de una hora de estar firmando autógrafos, llegó a mi mesa la última persona. Era una señora. Cuando levanté la vista, me percaté de que estaba llorando. La miré a los ojos y le pregunté: «¿Qué te pasa? ¿Por qué estás llorando?».

«Ya no quiero vivir más», me contestó. «Me quiero morir».

Cuando me dijo eso, inmediatamente luces rojas de peligro comenzaron a encenderse dentro de mi cabeza: hay pocas razones por las que la gente se quita la vida, y el dinero es una de ellas. Así que siempre se debe tomar muy en serio este tipo de confesiones. Yo me levanté de mi asiento, caminé alrededor de la mesa, puse mis manos en sus brazos, la miré fijamente a los ojos y le dije:

«No vale la pena. Créeme. No importa la situación por la que estés pasando, todo se puede resolver. Tu vida es mucho más valiosa que cualquier otra cosa en el universo».

Entonces, me contó que ella y su esposo tienen una empresa. Cuando comenzaron, hacía varios años, el negocio les había ido muy bien. Crecieron, se expandieron, ahorraron, crearon un fondo de emergencias... Sin embargo, en los últimos años, algo no había funcionado bien.

El negocio empezó a perder dinero de manera regular. Ellos, entonces, comenzaron a tratar de apuntalarlo, primero con sus ahorros, luego con su fondo de emergencias, más adelante vendiendo propiedades y, finalmente, hipotecando su casa y llenando sus tarjetas de crédito. «Ahora», me dijo esta buena señora, «estamos bajo una presión increíble».

Los acreedores la llamaban todos los días, la maltrataban, la amenazaban, la insultaban... Constantemente, por las mañanas, por la tarde, por la noche, durante las comidas, en los días de descanso. Me dijo: «Ya no puedo más con la presión que me han puesto encima».

Yo, entonces, le pregunté: «¿Conoces a un empresario norteamericano que se llama Donald Trump?» (eso fue muchos años antes de que el señor Trump fuera el presidente de Estados Unidos y una figura controversial en la política mundial). Ella me contestó: «Sí. Por supuesto. Es uno de los hombres más ricos de su país». «¿Sabes cuántas veces ese empresario se ha ido a la quiebra?», le pregunté. «¿A la bancarrota?». «Sí. ¿Sabes cuántas veces a ese señor se le han caído los negocios?». «No». «Por lo menos cuatro, quizás hasta seis veces». «No lo puedo creer». «Si Donald Trump se hubiese suicidado después de su primera bancarrota, o después de su segunda, o tercera, nunca hubiese llegado a ser uno de los hombres más ricos de su país».

La vida siempre tiene sus altos y bajos. Sus ciclos de abundancia y escasez, de expansión y contracción. El asunto es no darnos por vencidos frente a la caída.

Hay un antiguo dicho del Medio Oriente que afirma que uno no debería planear maldades en contra de la gente honrada, porque se caen siete veces y siete veces se vuelven a levantar.[19] Esa es una gran verdad. Si tienes el corazón en el lugar apropiado, no importa lo que te pase en la vida, siempre hay una oportunidad de volver a reconstruir lo que se perdió.

Hay muchas historias de gente que de la nada construyeron un negocio, para volver a la nada y, una vez más, crecer hasta hacerse nuevamente ricas y exitosas. Jeff Rose, un escritor de la revista *Forbes*, dice que Abraham Lincoln, P. T. Barnum (del famosísimo Circo Barnum & Bailey), Walt Disney, Dave Ramsey y Elton John, entre muchos otros, construyeron negocios que se fueron a la quiebra, y reconstruyeron negocios que los hicieron tremendamente exitosos.[20]

Oliver Goldsmith solía decir: «Nuestra mayor gloria no está en que nunca hemos caído, sino en que cada vez que hemos caído, nos hemos levantado».[21]

El asunto no radica en no caerte nunca. El asunto es tener el compromiso de que cada vez que te caigas, te vuelvas a levantar.

10. EL AHORRO

Somos la primera generación en Iberoamérica que no estamos ahorrando con regularidad. Nos hemos olvidado de la costumbre que tenían nuestros abuelitos de guardar dinero «debajo del colchón».

Hoy en día no solamente nos hemos olvidado del colchón de nuestros abuelitos, sino que hemos empeñado el colchón, y algunos de nososotros... ¡hemos empeñado hasta a los mismos abuelitos!

La riqueza no tiene mucho que ver con la cantidad de «ceros» que aparecen en el depósito de nuestro salario. La riqueza tiene que ver con la **acumulación** de recursos. Puede que los salarios de ustedes como pareja tengan muchos ceros, pero si se están gastando cada peso que ganan, ustedes no son ricos, *¡simplemente se entán dando «la buena vida»!*

El ahorro es una de las herramientas esenciales para acumular riquezas (y el fruto de la gratificación diferida de la que hablamos). No necesariamente debes ahorrar en el dinero de tu país. Si la moneda nacional está pasando por un mal momento, puedes ahorrar (si no es ilegal) en una moneda extranjera. Elije la que más te guste, pero ¡hazlo!

Por último, ahorrar debe ser una característica de tu vida, parte de tu carácter. No solo debes ahorrar, debes **ser** ahorrador.

Ser ahorradores

Por ejemplo: supongamos que, en enero del 2021, un paquete de cigarrillos en Guatemala estuviera a 32 quetzales,[22] unos 4,12 dólares. Si una persona fuma un paquete por día, al final del año habrá gastado más de 1.500 dólares, quemándolos en cigarrillos. Si fuma un paquete cada dos días, son 750 dólares al año.

Ese puede ser el equivalente a uno o dos salarios mensuales en muchos países de Latinoamérica (y no se tienen en cuenta los costos asociados con las enfermedades que trae el tabaquismo). Me da tristeza ver a muchas personas de bajos recursos que queman el dinero en alcohol y cigarrillos.

Quizás estás pensando que tú no fumas ni bebes, pero cuando vas al trabajo, ¿pasas por una cafetería bonita a comprar un cafecito un tanto sofisticado para el camino? Un café en una de estas cafeterías en Colombia, por ejemplo, costaba a comienzos del 2021 el equivalente de unos 2,33 dólares. Si me tomo un *latte* mediano deslactosado caliente, saborizado con vanillia, unas tres veces por semana, son como 120 dólares al año en café, y eso si no lo acompaño con otra cosa.

El asunto no es evitar darnos un gusto de vez en cuando. Debes disfrutar de la vida y no estar amargado. El tema es no incorporar «deseos» a nuestros gastos regulares. Si lo hacemos, nos resultará muy difícil ahorrar.

Otro ejemplo: ¿te llevas la comida del mediodía de tu casa o compras comida afuera? Hmmmm... a los varones latinoamericanos nos gusta la comida caliente, ¿no?

No somos como muchos norteamericanos o europeos que he visto llevar un sándwich y una manzana al trabajo. Si, como promedio, gastas el equivalente a 7 dólares por día para comer unos tacos mexicanos, un choripán argentino, unas hamburguesas o una comida caliente con una gaseosa en vez de comer el sándwich y la manzana, esos son unos 140 dólares por mes... *¡más de 1.500 dólares al año!*

Pásame la manzana, que ahora se ve más rica...

Es importantísimo entender que el ahorro no está tan conectado con lo que **ganamos**, sino con lo que **gastamos**, y que son los pequeños gastos los que hacen estragos en nuestras vidas financieras.

Te voy a contar una historia que escribí en un libro titulado *¿Cómo vivir bien cuando las cosas van mal?*

Hace muchos años atrás, cuando recién se había inventado la posibilidad de enviar textos por el teléfono, me invitaron a participar en un programa de televisión muy conocido en un hermoso país latinoamericano.

En un momento del programa, el entrevistador le pidió a su audiencia que, si tenían un celular, le enviaran preguntas por mensaje de texto.

Uno de los mensajes decía:

«Dígale a ese *payaso*», parece que estaba hablando de mí, «que me explique cómo puede un hombre como yo, que tiene cinco hijos y gana un salario mínimo, alimentar a su familia en este país».

Yo miré a mi entrevistador e inmediatamente le respondí:

«Bueno... lo primero que yo me preguntaría es qué estoy haciendo con un teléfono celular». Y agregué: «Si yo fuera un padre de familia, tuviera cinco hijos y ganara un salario mínimo, ¡no tendría un celular! Usaría el dinero (bastante, por cierto, en esa época) para darle de comer a mi familia».[23]

Para poder ahorrar, tú y tu pareja van a tener que hacer algunos sacrificios que no quieren hacer, pero que forman parte del proceso de madurez en la vida. Recuerdo que, hace años, le sugerí a una pareja joven que se mudaran con una de las suegras para poder ahorrar el dinero de la renta, salir de deudas y crear su fondo de emergencias. Sí, ese fue un gran «sacrificio»... ¡para la suegra!

Piensen, ¿cuáles son algunas de las cosas que podemos eliminar de nuestras vidas para poder disminuir gastos y ahorrar regularmente?

Entonces, una persona ahorrativa, no solo separa dinero regularmente de su salario para necesidades futuras, también cierra el grifo cuando no necesita usar el agua, apaga la luz del cuarto cuando sale, busca con regularidad pagar el precio más bajo por el mejor servicio o producto, consigue y aplica cupones de descuento en sus compras y usa los bienes al máximo de su vida útil.

Ser ahorrador está conectado con ser paciente y perseverante, vivir con moderación y practicar la gratificación diferida.

Como ya dijimos, la gratificación diferida significa decir «no» a cosas en el día de hoy para poder decir «sí» a cosas mejores mañana. Eso me lleva a entrar en el camino hacia el progreso.

Nuestros abuelitos vivían la gratificación diferida. Ellos no sabían que se llamaba así (porque ese es un nombre actual y sofisticado que viene de la expresión inglesa *delayed gratification*), pero la vivían.

Cuando todavía mi mamá estaba viva me solía decir algo que quizás tu mamá o tu abuelita te decían a ti. Ella afirmaba: «¡Y bueno!... nosotros nos sacrificamos, pero por lo menos ustedes, chicos, ¡están mejor!». Eso es gratificación diferida: la generación de nuestros padres y abuelitos se sacrificaron para que nosotros pudiésemos estar en una mejor situación social.

Nosotros somos la primera generación en el mundo de habla hispana que ha sacrificado a sus padres y estamos sacrificando a nuestros hijos en el altar de nuestro propio edonismo. Estamos gastando cada peso que tenemos encima, y a veces algunos más, para satisfacer nuestros propios deseos y sueños financieros. Así no podemos crear riqueza.

Decidamos hoy mismo convertirnos en personas ahorrativas, y asumamos el compromiso de cumplir con las metas y los planes que este libro sugerirá en unas pocas páginas más adelante.

TIEMPO CON TU ENTRENADOR

1. Evalúen juntos los aspectos que se deben valorar para llegar a la prosperidad integral y, luego, marquen aquellos en los que deben trabajar para mejorar en esas áreas.

   Valores que llevan a la prosperidad integral:
   - El orden
   - La comunicación transparente
   - La generosidad
   - La libertad
   - El trabajo en equipo
   - El dominio propio
   - La moderación
   - La integridad
   - La perseverancia
   - El ahorro

2. Conteste cada uno:
   - ¿Cómo calificarías, del 1 al 10, nuestro nivel de comunicación en la pareja?
   - ¿Estoy siendo sensible a tus necesidades físicas, emocionales y personales?
   - ¿Cómo calificarías nuestro nivel de transparencia en el tema del dinero? ¿Sabemos todo el movimiento de entradas y salidas de este?
   - ¿Cuándo fue la primera vez que recuerdas haber visto a tus padres dar dinero a Dios o a los demás como un acto de generosidad de su parte?

- ¿Estoy cumpliendo el rol que tengo que cumplir o te gustaría que hiciese algo más o algo menos?
- Del 1 al 10, ¿qué tan eficiente soy en el manejo del riesgo cuando tomo decisiones económicas?
- ¿Te molesta que tome decisiones económicas tan rápido (o tan lento)?
- Hay gente que cree que las cosas les dan «identidad». ¿Qué tanto lo creemos nosotros?
- ¿Estamos viviendo dentro de nuestra capacidad económica o nos hemos salido de ella y por eso tenemos deudas?

CAPÍTULO 5

UN PLAN PARA LLEGAR A LA META

EL MAPA DE LA VIDA

Era el comienzo del año 1982 y la noticia más importante en Londres no era la primera ministra Margaret Thatcher, sino su hijo. El 9 de enero de 1982, Mark Thatcher estaba compitiendo en un *rally* entre París (Francia) y Dakar (Senegal) cuando se perdió en medio del desierto del Sahara. Thatcher mismo cuenta su historia en un artículo que apareció en el diario *The Guardian* veintidós años después.[1]

Lo bueno era que Thatcher no estaba solo, se encontraba con tres miembros de su equipo de competición. Todo comenzó cuando su Peugeot 504 se rompió en algún lugar del sur de Argelia. Otros competidores que se dieron cuenta del incidente, se detuvieron, tomaron nota del lugar en el que ellos estaban y prometieron enviar ayuda.

El problema surgió cuando los que llevaban la información del lugar donde el hijo de la conocida primera ministra británica había quedado varado, por error indicaron que el auto se encontraba a 25 kilómetros al oeste de la ciudad de Timeiaouine, cuando en realidad estaba a 25 kilómetros al **este** de esa ciudad.

Tomó cinco días encontrarlos, pero gracias a Dios, los competidores fueron hallados sanos y salvos y rescatados inmediatamente. A pesar del final feliz de la historia, este incidente de repercusión internacional nos da una buena lección sobre la importancia de ubicar apropiadamente las cosas en la vida.

Ellos se perdieron por un error en el mapa de la carretera argelina, y nosotros, a veces, nos perdemos porque leemos mal el mapa de nuestra vida económica, ¡o ni siquiera tenemos uno! Muchas veces, personas con la mejor intención del mundo nos mandan en la dirección exactamente opuesta a la que debemos ir.

Por eso, hace muchos años, me encantó la idea de que nuestra organización hermana en Estados Unidos, llamada *Compass*, produjera un **mapa** financiero: el *Compass-Map* o el *Money-Map*. A mí siempre me pareció interesante colocar en un «mapa de vida» las metas que deberíamos tener a lo largo del tiempo para llegar a gozar de sanidad financiera en la familia.

Nunca lo vi como una manera de imponer mis ideas a otros o como una serie de reglas y leyes que debemos seguir, sino como una señal al costado del camino: una forma de proveer algo de guía a los individuos y familias que la necesiten.

Con los años, decidimos experimentar con nuestro equipo de Cultura Financiera la posibilidad de diseñar un **mapa** para las familias del resto del mundo y, especialmente, del mundo iberoamericano.

Así fue como creamos «El mapa de la vida de Cultura Financiera», y hoy quisiera compartirlo contigo en este libro.

Si deseas ver una copia de El mapa de la vida, puedes buscarlo en nuestro sitio de Cultura Financiera yendo a *www.culturafinanciera.org* o siguiendo este Código QR.

Si te gustaría recibir un archivo en PDF, escríbenos un correo electrónico a *info@culturafinanciera.org*.

El mapa está dividido en «destinos». Cada destino tiene un área de recomendaciones o metas con el fin de llegar al mismo. También cuenta con un área de «herramientas» que te pueden ayudar a ti y a tu pareja a llegar a ese lugar en la vida.

La meta del mapa es llevar a individuos, parejas y familias a encontrar el camino hacia una senda llamada *sanidad financiera*. La prosperidad integral o la sanidad financiera no son un lugar puntual en nuestras vidas. No son el pico de una montaña al que arribamos cumpliendo una lista de cosas para hacer y no hacer.

Si el éxito fuera un lugar puntual, el pico de una montaña, por ejemplo, ¿qué habría del otro lado? ¡Lo único que nos queda es una barranca hacia abajo! Por eso la gente que ve el éxito como la cima de una montaña no sabe qué hacer con él una vez que llega a ese lugar.

No. La sanidad financiera, a la que llamamos también el bienestar, no es la cima de una montaña; es un sendero por el cual caminamos. Tú no llegas a la prosperidad integral, tú **caminas** en prosperidad integral cada día de tu vida.

Por eso la sanidad financiera está representada por un camino o sendero. Cuando lleguemos y cumplamos con el destino número 7, habremos comenzado a caminar en la senda de la sanidad financiera.

A continuación voy a compartir contigo los destinos del mapa de la vida con sus recomendaciones y las herramientas para el camino. También te voy a mostrar cómo cumplirlas.

EL MAPA DE LA VIDA
DE CULTURA FINANCIERA

CAMINO DE LA SANIDAD FINANCIERA

DESTINO #1

- Visita el área de recursos de www.CulturaFinanciera.org.
- Comienza a vivir con un presupuesto mensual.
- Ahorra el 25% de tu IND y abre una cuenta de ahorro.
- Establece un plan de control de gastos.
- Comienza a dar el 10% de tus entradas.

HERRAMIENTAS
1) Curso ¿Cómo salgo de mis deudas?
2) Curso Tu dinero cuenta. Módulo 1

VERSO PARA MEMORIZAR:
1 Corintios 4:2

DESTINO #2

- Establece metas y límites a tu estatus social
- Incrementa tu Fondo de Emergencias hasta un mes de IND
- Desarrolla un plan para pagar deudas
- Paga tus deudas pequeñas
- Comienza a dar a otros. Cuéntanos.

HERRAMIENTAS
1) Libro ¿Cómo salgo de mis deudas?
2) Curso Tu dinero cuenta. Módulo II
3) Libro Cómo vivir bien cuando las cosas van mal

VERSO PARA MEMORIZAR:
Proverbios 22:7

DESTINO #3

- Desarrolla e implementa un archivo financiero.
- Incrementa tu fondo de emergencias a tres meses de IND
- Paga todas tus deudas de consumo (cosas que pierden valor a través del tiempo)
- Ten un seguro de vida si es apropiado.
- Escribe un testamento si es legal en tu país.

HERRAMIENTAS
1) Libro Cómo vivir bien cuando las cosas van mal

VERSO PARA MEMORIZAR:
Proverbios 21:5

DESTINO #4

- Abre una cuenta de ahorro para compras mayores
- Comienza a ahorrar para compras mayores (casa, educación, negocio, etc.)
- Desarrolla un plan para tu jubilación o retiro
- Planea el pago de la educación de tus hijos.

HERRAMIENTAS
1) Libro ¿Cómo compro inteligentemente?

VERSO PARA MEMORIZAR:
1 Juan 2:15-16

DESTINO #5

- Compra una casa.
- Haz pagos extras a la hipoteca.
- Desarrolla un plan de inversión.
- Incrementa tus inversiones.

HERRAMIENTAS
1) Descarga Biblioteca Financiera BECA de LOGOS.com
2) Libro Inversiones sabias
3) Libro La mujer que prospera
4) Curso Más vida de fin de mes

VERSO PARA MEMORIZAR:
Proverbios 6:1-8

DESTINO #6

- Paga el 100% de tu hipoteca.
- Paga la educación de los hijos.
- Comienza a enseñar a otros.

HERRAMIENTAS
1) Certificación. Conviértete en la Economía del Reino.
2) Direcciona el El Día de Generosidad.

VERSO PARA MEMORIZAR:
1 Crónicas 29:11-12

DESTINO #7

- Implementa tu plan de jubilación.
- Educa a tus herederos y transfieres la herencia.
- Vive en contentamiento.
- Da generosamente.
- Deja un legado.

HERRAMIENTAS
1) Libro El hombre más rico del mundo
2) Curso Tu dinero cuenta. Módulo X

VERSO PARA MEMORIZAR:
2 Corintios 8:14 y 12:14b

CULTURA

Metas para el Destino 1:

- Visita el área de recursos de Cultura Financiera.
- Comprométete con el **ser** y el **hacer** del dinero.
- Establece un Plan de control de gastos.
- Ahorra el 25% de tu IND y abre una cuenta de ahorro.
- Comienza a dar el 10% de tus entradas.

RECURSOS DE CULTURA FINANCIERA

A pesar de que el sitio de Cultura Financiera pasa por constantes revisiones, actualizaciones y, de vez en cuando, hasta por procesos de rediseño para mejorar la forma en que servimos a nuestros visitantes, los recursos siempre están allí: formatos, planillas, calculadoras electrónicas, videos educativos, *software*, *podcast*, cursos y muchísimas otras ayudas que le permiten al visitante poner en práctica las ideas que enseñamos.

El sitio es gratuito y la gran mayoría de las herramientas también lo son. Lo hemos diseñado para ti, así que espero que te guste. Simplemente visita *www.culturafinanciera.org* o baja nuestra aplicación de la tienda que se encuentra en tu teléfono.

EL **SER** Y EL **HACER** DEL DINERO

Ya hablamos desde el comienzo de este libro sobre las cosas que deben **ser** si deseas tener éxito en tu vida financiera: poseer los paradigmas apropiados, obedecer los Pincipios P, abrazar los valores que te llevarán a la prosperidad integral.

En la segunda mitad de este libro, compartiré contigo cosas que debes **hacer**. Tu ser te llevará al hacer; nunca debemos olvidar que el hacer es tan importante como el ser.

Lo clave en este momento del viaje es tener un compromiso «a muerte» con el ser y el hacer del dinero: comprometerte a cambiar y a llevar a la práctica todas las actividades que recomiendo, cueste lo que cueste y tome la cantidad de tiempo que tome.

EL PLAN DE CONTROL DE GASTOS

Lo primero que debes hacer si quieres ir hacia la sanidad financiera es tomar el control del dinero. Deben controlar al dinero y no permitir que el dinero los controle a ustedes. «El dinero es un buen siervo, pero un mal amo», le escuché decir alguna vez al doctor Luis Palau, y tiene mucha razón.

Notarás que estoy hablando de un plan y no de un presupuesto. Eso lo aprendí como parte de mis viajes. Cuando empecé a enseñar sobre cómo armar un presupuesto, algunos participantes de mis seminarios me preguntaban: «Andrés, ¿cómo voy a armar un presupuesto... ¡si no tengo nada que presupuestar!?».

Desde entonces, le enseño a la gente a tener un plan para controlar los gastos, porque puede que no tengas entradas... ¡pero todavía tienes gastos!

En casi todos mis libros siempre coloco una sección donde les enseño a los lectores cómo, de manera sencilla, armar y controlar un Plan de control de gastos. Así que, aquí nuevamente te lo explico. Si has comprado alguno de mis libros y ya tienes un plan, pues ¡felicitaciones! Ahora puedes pasar directamente al siguiente punto, que es comenzar a establecer un Fondo de emergencias.

Si nunca has leído esta explicación, pues aquí la tienes. De esta manera, mi esposa y yo comenzamos a tomar control del dinero y salimos de una deuda de más de 65.000 dólares.

Cómo hacer un plan

Hacer un plan para controlar tu dinero no es muy complicado. Millones de personas como tú alrededor del mundo ya han aprendido a hacerlo. Simplemente tienes que recordar y poner en práctica cinco palabras:

1. Comprométete
2. Colecciona
3. Compara
4. Corrige
5. Controla

1. COMPROMÉTETE

Lo primero que debes hacer **inmediatamente** es **conseguir** una herramienta que te ayudará a manejar el dinero y a averiguar cómo lo estás gastando.

Aquí van algunas recomendaciones:

a) Si te resulta más cómodo, busca en la tienda de *apps* una aplicación con la que puedas manejar dinero. Simplemente comienza una búsqueda con la palabra «presupuesto» y elige la aplicación (o «aplicativo», como lo oí llamar en algún país en los últimos meses) que más te guste. Algunas características recomendadas son:

- Segura
- Sencilla, fácil de usar
- Intuitiva
- Configurable
- Multilingüe
- Visual
- Gráfica

- Flexible (para poder crear o borrar categorías)
- Resguardable (*back-up* en algún programa en la nube)
- Imprimible
- Multiusuario
- Independiente (no necesita conexión de Internet)
- Con filtros para búsquedas
- Que monitorice balances
- Exportable
- Multidivisas (cambia de monedas cuando viajes)
- Gratis

Precaución: presta atención, porque algunas aplicaciones que son de descarga gratis te dejarán hacer una cierta cantidad de transacciones y luego deberás pagar para poder usarla a largo plazo. Si te gusta alguna por la que debes pagar y te sientes realmente bien con ella, paga el costo con gusto. Vale la pena invertir un par de dólares en una herramienta que te va a ayudar a manejar el dinero en los próximos años.

b) Si no quieres usar tu teléfono, busca en Internet un *software* o archivo de Excel® que te ayude a manejar el dinero. En tu buscador, escribe «*software* presupuesto personal» y encontrarás una lista de lugares que ofrecen archivos y *software* para ayudarte a manejar el dinero.

Aquí tienes algunas recomendaciones:

- En nuestro sitio www.culturafinanciera.org, el «*Software* Financiero» (te redirigirá a un sitio auspiciado por una ONG dependiente de Diners Club Ecuador llamado **financialeducation.com**). Está completamente en español y es uno de los mejores programas de manejo del dinero en español que conozco.

- Presupuesto Familiar. Busca esta planilla de Excel® en nuestro sitio de Cultura Financiera llamado: *www. culturafinanciera.org/formularios.*

Precaución: hemos notado que, en algunos lugares de Internet, cuando tratas de bajar algún programa gratis, tienen un sistema que no solo baja el programa que pides, sino que a través de una serie de preguntas confusas, también consiguen tu permiso para bajar otros programas. Presta atención a esto y no permitas que instalen en tu computadora algún *software* que tú no deseas.

2. COLECCIONA (O RECOPILA)

Ahora necesitas recopilar información para diseñar un plan inteligente. El propósito del orden es manejar información, y la información es poder, ¿no es cierto? En este caso, es poder para cambiar tu futuro económico.

Hay dos maneras eficaces de recopilar información para saber exactamente adónde va el dinero de la casa. Tú debes elegir la que te resulte más fácil. Esto no afectará el resultado de la recolección de información.

La primera manera de recopilar información es escribir en tu teléfono, en un archivo Excel®, en un papel o en una libreta todos los gastos que haces cada día durante los próximos treinta días. Escribe todos los gastos, hasta los más pequeños. Anota la fecha, el tipo de gasto y la cantidad. (¿Qué compré y cuánto me costó?).

Si tienes una computadora, baja de nuestro sitio (gratis) una planilla de Excel® para recopilar información. Cada día, cuando termines la jornada, coloca en la planilla todos tus gastos. Eso lo debes hacer tanto tú como tu pareja.

La segunda forma de recopilar información es colocar en tu cuarto una cajita, como una de zapatos. Luego, a partir de ese momento y durante los próximos treinta días, cada uno de los cónyuges pedirá un recibo por cada compra que hagan, no importa lo pequeña que sea.

Si no les dan un recibo, escriban el gasto en un pedazo de papel. Cada noche, al entrar en el cuarto, coloquen todos los recibos en la caja de zapatos. Cuando paguen la renta, el préstamo hipotecario, realicen algún pago regular mensual o de algún servicio, como luz, agua, gas, etc., simplemente coloquen la factura dentro de la caja también.

Cuando terminen de recopilar información por treinta días, tómense todo un día libre, ¡sin niños!, para poder dedicarse por completo al trabajo de armar su Plan de control de gastos y pensar en el futuro. El proceso les tomará unas cuatro o cinco horas, pero vale la pena.

Esa inversión de tiempo cambió nuestra vida familiar y nos llevó en una dirección completamente distinta en el mundo de las finanzas.

3. COMPARA

Después de esos treinta días de recopilar información, ya tienes toda la información que necesitas para diseñar el plan. Ese día, cada uno mira en el teléfono cuánto gastó, revisan juntos la planilla de Excel®, miran en el cuaderno de notas de cada uno cuánto gastaron y en qué lo hicieron, o vuelcan todos los recibos y facturas de la caja de zapatos sobre la mesa de la cocina.

Ahora, separa en grupos los gastos de acuerdo con determinados rubros o, como lo llamamos nosotros, «categorías». A continuación están las categorías en las que recomiendo que dividan todos los gastos del mes. **Elijan solo las que les convenga usar y sumen las que necesiten y no vean en la lista.**

Gastos:

a) Transporte
b) Vivienda
c) Comida
d) (Pagos de) Deudas
e) Entretenimiento
f) Vestimenta
g) Ahorros
h) Inversiones
i) Escuela
j) Médicos
k) Seguros
l) Varios o misceláneos

Armar el plan

Para armar un buen Plan de control de gastos deben comenzar mirando las entradas familiares, todas y de todas las fuentes. Las entradas deben ir a un mismo pozo económico y de allí (como toda buena empresa lo hace) pagar todos los compromisos.

En la tabla 5.1 estoy proveyendo un formulario que los puede ayudar.

Tabla 5.1 Planilla de entradas (mensuales)

¿Cuánto trae la esposa a la casa?	$_____	Anota toda la cantidad de dinero que trae la esposa.
¿Cuánto trae el esposo?	$_____	Anota toda la cantidad que trae el esposo.
¿Tienen entradas de algún otro trabajo?	$_____	Si uno o los dos están trabajando a tiempo parcial o total en algún otro lado, anota aquí el dinero que reciben. No coloques el salario **bruto**, sino lo que traen realmente a la casa.
¿Hacen trabajos temporales?	$_____	Escribe el promedio mensual de lo que has traído en los últimos 6 meses.

¿Venden cosas y tienen entradas que no son fijas?	$_____	Lo mismo que en el punto anterior. Calcula el promedio de entradas de los últimos 6 a 12 meses y usa esa entrada promedio para el plan.
¿Hay alguna otra entrada de dinero?	$_____	Si es inusual, no la cuentes. Usen el dinero para «proyectos especiales». Si es una devolución de impuestos, divide esa cantidad por 12 (o no la consideres y úsenla como ahorro). Si no, calcula el promedio en 6 a 12 meses.
SUMA LAS CANTIDADES ANTERIORES	$_____	Estas son las entradas de dinero después de haber pagado tus impuestos.
Réstale a la cantidad anterior otros impuestos que debes pagar.	$_____	¿Hay algún otro impuesto que debes pagar mensualmente por tus entradas de dinero? ¿Alguna otra retención mensual?
INGRESO NETO		
Réstale a la cantidad anterior tus donaciones	$_____	Denle a César lo que es de César, pero también a Dios lo que es de Dios. Recuerden amar a Dios y al prójimo, y que es mucho mejor dar que recibir. Aprendan a ser generosos y no solo lleven dinero a la iglesia, sino también aprendan a compartir con los demás.
Este es su IND (el INGRESO NETO DISPONIBLE)	$_____	Esta es la cantidad de dinero con la que tienen que aprender a vivir y sobre la que todos nuestros números serán calculados.

Ahora que ya saben cuál es su Ingreso Neto Disponible o IND, deben **comparar** esa cantidad con sus gastos reales. Para esto, sumen todos los recibos en cada uno de los grupos que han creado sobre la mesa de la cocina y completen el siguiente formulario.

Si quieren un formulario más completo, tenemos una variedad de formularios en Excel® que hemos desarrollado a lo largo del tiempo. ¡Elijan el que más les guste! Bájenlos GRATIS de nuestro sitio web: www.culturafinanciera.org

También pueden tomar el curso en línea autodirigido llamado «El secreto del dinero» que ofrecemos en nuestro sitio de Cultura Financiera. Mientras tanto, pueden tratar de llenar esta sencilla lista de gastos que aparece en la tabla 5.2.

Tabla 5.2 Lista de gastos del mes. ¿Cuánto gastamos en...?

GASTOS:	
a) Transporte	$_____
b) Vivienda	$_____
c) Comida	$_____
d) (Pagos de) Deudas	$_____
e) Entretenimiento	$_____
f) Vestimenta	$_____
g) Ahorros	$_____
h) Inversiones	$_____
i) Escuela	$_____
j) Médicos	$_____
k) Seguros	$_____
l) Varios o misceláneos	$_____
TOTAL DE GASTOS	$_____

Toma la cifra TOTAL del IND y réstale el TOTAL DE GASTOS. Esto te va a dar una idea de cómo andan económicamente. El número final es como un termómetro de tu vida económica, una radiografía de tus finanzas. Es la cantidad con que te quedas en el bolsillo al final de cada mes. LLena la tabla 5.3.

Tabla 5.3 ¿Cómo estamos económicamente?

Dinero disponible:	$_____
(menos)	$_____
Total (Gastos reales):	$_____
Balance (Este es el dinero que queda):	$_____

¿Da positivo o negativo el balance?

Si da positivo, mírense en el espejo. Puede que tengan la piel verde, la cabeza grande y los ojos amarillos. En ese caso, confirmarían lo que me temo: ¡son de otro mundo!

En realidad, los felicito. Pertenecen a un grupo muy reducido de personas en el planeta: aquellos que están gastando **menos** de lo que ganan. Lo único que tienen que hacer ahora es ajustar su plan de acuerdo con sus sueños y metas para el año que viene. Andan por el buen camino.

Si el balance es negativo, entonces deben corregir la lista de gastos.

4. CORRIGE

Si la resta anterior les dio un número negativo, ¡bienvenidos a la familia de «gastones unidos»! La mayoría de las personas de este mundo tienen su mismo problema: gastan más de lo que ganan. Este número negativo significa que van a tener que hacer algunos cambios importantes.

Van a tener que mirar seriamente los gastos que están teniendo y tomar algunas decisiones de «vida o muerte». Frente a esta situación, tienen tres opciones:

a) Reducen sus gastos, su nivel de vida, su estatus social.

b) Incrementan sus ingresos.

c) Hacen las dos cosas al mismo tiempo.

Ningún miembro de la pareja debería tomar un segundo trabajo solamente para mantener el estatus social. Estaría sacrificando lo trascendente en el altar de lo intrascendente.

Muchas veces veo que los esposos, cuando se encuentran en esta situación de aprieto, les sugieren a sus esposas que salgan a trabajar fuera de casa para mantener el nivel de gastos. Eso no es sabio. Es mucho mejor ajustar nuestro estándar de vida que forzar a la esposa a salir a trabajar y dejar a los hijos sin papá ni mamá en la casa.

La única excepción sería que saliera a trabajar de una manera temporal para asignar su salario al pago de deudas o algo por el estilo. Nunca he estado en contra de que la mujer trabaje fuera de casa... ¡pero es que ella **ya** trabaja dentro de la casa!

Si la esposa desea trabajar porque ese es su llamado, su vocación, me parece excelente que lo haga. Pero si su deseo, su vocación, es estar con los hijos y ser el apoyo que la familia necesita en casa, yo no planearía que saliera a trabajar solo por mantener el nivel de gastos. Reduciría los gastos y mantendría feliz a mi esposa.

Este proceso de ajuste es muy particular en cada pareja. No sé cuáles serán esas decisiones difíciles que necesitan tomar, pero les doy una lista de algunas de ellas que han tomado personas que he aconsejado:

- Mudarse de vivienda.
- Compartir la vivienda con otros.
- Irse a vivir con los padres.
- Salir un año de la universidad para trabajar y juntar dinero.
- Quitar a los hijos de la escuela privada.
- Salir menos a comer afuera.
- Cambiar el plan del celular.
- Volver a su país de origen.
- Vender posesiones que no son necesarias.
- Comenzar a comprar ropa usada.
- Cambiar de trabajo.
- Cambiar de universidad.
- Otras cosas por el estilo.

¿Están listos para tomar estas decisiones y preparar un nuevo plan? Entonces, dediquen un tiempo para ir rubro por rubro, negociar el nivel de gastos aceptable para los dos y hacer lo que yo llamo *un nuevo pacto*. Quizás les puede ayudar rellenar el formulario que aparece en la tabla 5.4.

En la columna **Ahora** coloca las entradas y gastos que descubriste durante ese mes de recolección de información. Lo que encontraste en tu caja de zapatos. En la columna **Nuevo plan** coloca el nuevo número pactado entre los dos miembros de la pareja.

Tabla 5.4 Nuevo plan de gastos y ahorro (mensual)

CATEGORÍA	AHORA	NUEVO PLAN
Ingreso NETO:		
Menos, donaciones:		
A- IND (Ingreso Neto Disponible):		
Gastos:		
Transporte		
Vivienda		
Comida		
Deudas		
Entretenimiento		
Vestimenta		
Ahorros		
Inversiones		
Escuela/Educación		
Médicos		
Seguros		
Varios		
B- TOTAL DE GASTOS		
DIFERENCIA (A - B):		

5. CONTROLA

Por último, ahora te voy a revelar uno de los secretos más importantes para tener éxito en el manejo del dinero: cómo controlar el plan que acabamos de hacer.

De nada sirve ponerte de acuerdo en cuánto vas a gastar en cada categoría si, cuando llega la hora de la verdad, no puedes controlar tus gastos.

Como lo mencionamos anteriormente, hay varias maneras de controlar un plan:

- Con planillas
- Con una *app*
- Con el *software* que elegimos al principio
- Con archivos de Excel®

Pero si no tienes la posibilidad de usar ninguno de esos sistemas, te voy a presentar uno que le hemos enseñado a decenas de miles de personas en todo el continente: el sistema de controlar gastos por sobres. Realmente funciona.

En casa, usamos la computadora para obtener información, pero empleamos los sobres para controlar la forma en que gastamos nuestro dinero semana tras semana.

Lo primero que deben hacer es decidir cuánto van a gastar cada mes en cada rubro o categoría: tener el nuevo plan.

En segundo lugar, deben decidir cuáles de esas categorías se deben manejar con dinero en efectivo **todas las semanas**. Por ejemplo, la comida, el entretenimiento, los gastos varios, el transporte (para los autobuses, trenes o la gasolina), etc. Miren cómo se gasta el dinero de la familia y decidan cuáles son los rubros que usan todas las semanas.

El tercer paso es dividir esos gastos mensuales en cuatro y declarar cuatro «Días de pago familiar» al mes: el 1, el 8, el 16 y el 24.

Cuidado: no les estoy recomendando que dividan el mes en cuatro semanas, sino en cuatro «Días de pago». La razón es que, de vez en cuando, van a tener cinco semanas en un mes, y uno de los motivos por los que estás armando un plan es para proveer estabilidad y consistencia a sus gastos. La quinta semana hace que el plan sea incoherente y se queden sin dinero hacia el final del mes.

Olvídense, entonces, de las semanas del mes y las fechas cuando cobran el salario. Cuando cobran, simplemente asegúrense de que el dinero va a la cuenta del banco o al lugar donde suelen guardar el dinero. Luego el 1, el 8, el 16 y el 24 serán los días de ir al banco (o al lugar secreto donde esconden el dinero) a fin de retirar el efectivo que necesitarán para funcionar los próximos siete u ocho días. Mira un ejemplo en la tabla 5.5.

Tabla 5.5

CATEGORÍAS	DÍAS DE PAGO FAMILIAR			
	1	8	16	24
Comida				
Vestimenta				
Entretenimiento				
Transporte				
Gastos varios				
TOTAL A RETIRAR				

No se preocupen de los otros gastos (alquiler, gas, luz, auto). Si armaron correctamente el plan de control de gastos de acuerdo con los parámetros que les he sugerido, esa parte del plan «se cuida sola». Los gastos anteriores son casi «fijos», y la mayor cantidad de dinero que desperdiciamos se nos va a través de nuestros gastos variables y del dinero en efectivo que tenemos en el bolsillo.

Entonces, por ejemplo, deben decidir cuánto van a gastar en comida. Si el nuevo plan dice que van a gastar 400 dólares (o pesos, o lempiras, o la moneda que sea) por mes en comida, eso quiere decir que vas a tomar 100 cada Día de pago para comer por los próximos siete u ocho días. Este debe ser un compromiso firme de parte de cada uno de ustedes.

Si van invertir cada mes (de acuerdo al nuevo plan) unos 80 pesos para comprar ropa, cada Día de pago familiar retiran 20 pesos.

Si van a gastar 100 en el rubro del entretenimiento al mes, retiran 25 cada Día de pago familiar. Mira el ejemplo en la tabla 5.6.

Tabla 5.6

CATEGORÍAS	DÍAS DE PAGO FAMILIAR			
	1	8	16	24
Comida	100	100	100	100
Vestimenta	20	20	20	20
Entretenimiento	25	25	25	25
Auto o transporte				
Gastos varios				
TOTAL DE RETIRO				

¿Te das cuenta de que aquí no importa si cobran semanal, quincenal o mensualmente? Lo único que importa es que todo el dinero de los ingresos vaya al mismo lugar y que de allí retiren la cantidad que han presupuestado para vivir por los próximos siete u ocho días. De lo único que te debes preocupar es de no sacar más dinero del que se han comprometido a gastar. El resto del plan se cuida solo.

Por último, para terminar el ejemplo, si deciden que necesitan unos 240 pesos por mes para gastos del auto, la moto u otro transporte, y unos 200 para gastos varios (que es dinero para gastar en cualquier cosa y darse unos gustitos cada semana), el cuadro de retirada de dinero quedará de la manera que aparece en la tabla 5.7.

Tabla 5.7

CATEGORÍAS	DÍAS DE PAGO FAMILIAR			
	1	8	16	24
Comida	100	100	100	100
Vestimenta	20	20	20	20
Entretenimiento	25	25	25	25
Auto o transporte	60	60	60	60
Gastos varios	50	50	50	50
TOTAL A RETIRAR	255	255	255	255

Esto quiere decir que cada Día de pago familiar tomarán 255 pesos del banco para los gastos de toda la familia hasta el próximo Día de pago.

Ahora tienen una forma de control. Saben que cada siete u ocho días van a gastar 255 pesos en efectivo para los gastos variables y, como por arte de magia, han convertido sus gastos variables ¡en gastos fijos!

Ahora tienen el control. ¡Ustedes controlan el dinero y el dinero no los controla a ustedes! Los animo a poner en práctica este sistema con el siguiente ejercicio. Traten de definir sus gastos en dinero en efectivo para cada Día de pago y escríbanlo en la tabla 5.8.

Tabla 5.8

CATEGORÍAS	DÍAS DE PAGO FAMILIAR			
	1	8	16	24
TOTAL A RETIRAR				

Por último, lo que deben hacer es tomar algunos sobrecitos para distribuir entre ellos el dinero en efectivo. Nosotros usamos un sistema de sobres que se cierra como si fuera una billetera. Quizás puedas conseguir algo así en el lugar donde vives. Si no, usen pequeños sobres comunes que cada uno pueda llevar consigo.

A uno de los sobres le colocan la palabra «donativos»; a otro, «vivienda»; a otro, «comida»; a otro, «transporte», etc. De este modo van teniendo un sobrecito para cada categoría que han escrito arriba. En la pareja les recomiendo tener sobres para el esposo y para la esposa.

Pueden usar una cajita de cartón para poner los sobres. Entonces, cada día de pago personal (o «familiar», en este caso), la esposa y el esposo se dividen el dinero.

Un ejemplo: si van a gastar 100 pesos en comida entre cada Día de pago, y la esposa está a cargo de comprar la comida, entonces ella tiene un sobre de «Comida» con 100 pesos. Pero para el sobre del «Transporte» cada uno toma, de los 60 pesos acordados, la cantidad real que usará esa semana.

Lo mismo con los «Gastos varios»: cada uno debe tener un sobre con 25 que hacen los 50 pactados en el nuevo plan.

Usen el dinero del sobre hasta que se acabe y, luego, comprométanse «a muerte» a no gastar en este rubro hasta el siguiente Día de pago familiar. Van a sufrir un poco por dos o tres meses. Pero, una vez que aprendan que no hay que gastar todo el dinero del sobre al comienzo de la semana, se van a dar cuenta de lo valioso que es este concepto.

Lo mismo ocurre en el área del entretenimiento. Imagínate que llega el domingo. Al salir de la iglesia o del club, los Rodríguez les dicen: «¡Vamos a comernos una pizza!». Entonces, ¿qué haces? Muy sencillo: abres los sobrecitos del entretenimiento y miras. «¿Tenemos o no tenemos dinero para ir a comer pizza?».

Si no tienen dinero, les dices a tus amigos: «¿Saben? Va a tener que ser la próxima semana, porque nos hemos gastado todo el dinero del entretenimiento para esta semana». Quizás uno de ellos les diga: «No se preocupen, nosotros pagamos». Entonces, muy amablemente, le dices: «¡Gracias! ¡Ustedes SÍ que son buenos amigos!».

¡Y esa es la diferencia entre los que tienen un plan y los que no! Los que no tienen un plan ¡no saben cuándo parar de gastar!

Entonces, el asunto es estar totalmente comprometidos con el cumplimiento de la palabra empeñada en el nuevo plan: parar de gastar cuando se nos acaba el dinero del sobre correspondiente. Ese es todo el secreto.

Muy bien. Ahora tienen un plan para controlar gastos y también una forma concreta y práctica de controlarlo. ¿Qué les parece?

El primer ingrediente para lograr la prosperidad integral está en tus manos. No te desanimes.

Ustedes pueden tomar el control de sus finanzas. No se dejen desanimar por aquellos que les dicen que no lo van a poder hacer.

Tampoco se dejen desanimar por los errores que puedan cometer mientras tratan de cambiar sus hábitos. No desmayen. ¡Aprendan de sus errores y continúen adelante!

Ustedes pueden, si quieren. El futuro está en sus manos.

EL FONDO DE EMERGENCIAS, AHORRO DEL 25% DEL IND

Una de las primeras cosas que vamos a implantar en la pareja a partir del nuevo plan es ahorrar con regularidad para establecer un Fondo de emergencias e invertir para el futuro.

El ahorro tiene un propósito: ser previsores; no proveedores, sino previsores. Yo creo que la provisión viene de lo Alto, pero que nosotros, como buenos gerentes o administradores de los recursos provistos a nuestra familia, debemos prever problemas.

A veces, las parejas me dicen: «Andrés, nosotros estamos en problemas económicos no porque seamos gastones, sino porque tuvimos una crisis inesperada». A lo que yo normalmente respondo: «¡Lo inesperado no sería tan inesperado si lo estuvieses esperando!». Y una excelente manera de esperar lo inesperado en el mundo de las finanzas es ahorrando.

Por supuesto que existen excepciones a la regla que te acabo de dar. A veces, vienen cosas en la vida que nos sobrepasan completamente y no tienen nada que ver con nosotros. Sin embargo, aun en esos casos excepcionales, siempre es mejor tener un Fondo de emergencias que no tenerlo.

El primer paso para establecer un Fondo de emergencias es mirar el IND y dividir esa cantidad por cuatro. Esa es la primera meta: ahorrar una cuarta parte del IND de la familia.

Escríbelo aquí. IND de la familia: _____

Dividido por 4: _____

Esa es su primera meta. También es la razón por la que colocamos esta meta en el Destino 1.

¿Cuánto deben ahorrar cada mes? Empiecen con lo que puedan, por más pequeña que sea la cantidad. Calcula. ¿Puedes ahorrar el equivalente a diez dólares norteamericanos por mes? Pues comienza con esta cantidad. Toma un sobrecito y comienza a colocar el dinero en efectivo en moneda nacional o extranjera mes tras mes hasta que tengas tu primera meta cubierta.

Lo normal sería ahorrar entre el 5 y el 10% del IND familiar cada mes hasta llegar a la meta del Destino 1.

Una vez que tienen la cuarta parte del IND en dinero en efectivo, pueden abrir una cuenta de ahorro en algún banco (o conseguirse un buen colchón), y allí establecerán su Fondo de emergencias.

El Fondo de emergencias debería tener entre dos y tres meses de ingresos familiares guardados en dinero en efectivo, por lo menos. En Estados Unidos, algunos conocidos míos hablan de hasta cuatro o cinco meses para ese fondo. No es una mala idea, especialmente a la luz de la inseguridad laboral a la que están expuestos los trabajadores norteamericanos.

Sin embargo, para Latinoamérica, yo creo que de dos a tres meses es más que suficiente.

Algo hermoso que me pasó cuando apareció la pandemia del Covid-19 fue la cantidad de gente que me contactó a fin de agradecerme por haberles enseñado a establecer un Fondo de emergencias, porque lo estaban usando para sobrevivir o lanzar un negocio propio.

Volvamos al colchón de los abuelos. Comencemos hoy mismo a construir un Fondo de emergencias ahorrando poco a poco hasta llegar a tener el 25% de nuestro IND mensual.

COMIENZA A DAR EL 10% DE TUS ENTRADAS

Como ya dijimos, la generosidad es una expresión externa de una condición espiritual interna. Demostremos tener un espíritu generoso y dadivoso compartiendo con nuestro prójimo y honrando a nuestro Creador con una porción de nuestras ganancias.

Eso le hace muy bien al espíritu.

No voy a ir más profundo en este asunto, porque ya lo hablamos y sería redundante. Solamente quisiera notar que en El mapa de la vida de Cultura Financiera nosotros no esperamos a tener mucho dinero para empezar a compartir. Creemos que siempre podemos compartir de lo poco que tenemos y que si no aprendemos a compartir cuando tenemos poco, tampoco lo vamos a hacer cuando tengamos mucho.

Entonces, la primera meta es ahorrar el 10%, compartir el 10% y vivir con el 80% restante: 80-10-10, una fórmula que nos ha servido mucho a lo largo de los años.

Metas para el Destino 2:

- Establece metas y límites para tu estatus social.
- Incrementa tu Fondo de emergencias hasta un mes de IND.
- Desarrolla un Plan para pagar deudas.
- Paga tus deudas pequeñas.
- Comienza a ayudar a otros. Contáctanos.

Establece metas y límites para tu estatus social

Lo que te voy a enseñar ahora es realmente «marciano», viene de otro planeta. Es algo que muy pocos asesores financieros en el mundo les van a animar a hacer, porque no les conviene. Pero, si lo hacen, pueden pasar de tener un énfasis en lo intrascendente a trascender como familia y como pareja.

Lo primero es hacer una lista de nuestros «sueños» económicos. Esos sueños son nuestras metas. Si uno no tiene una meta adónde ir, ¿cómo va a llegar a algún lado?

Entonces, escriban en un pedazo de papel los sueños económicos de la familia. Por ejemplo, cuando enseño mis seminarios, la gente me dice cosas como:

- Casa propia
- Auto u otro transporte
- Vacaciones regulares
- Casa de campo
- Viajes
- Estudios (personales o de los hijos)
- Negocio propio
- Plan de jubilación
- Etc., etc...

Ahora les toca el turno para soñar. ¿Cuáles son los sueños de la familia? Reflexionando en su capacidad económica, ¿cuáles son algunas cosas que les gustaría obtener o lograr en la vida de la familia? Si lo desean, pueden escribirlas aquí:

_____

_____

_____

_____

_____

_____

Copien esta lista y colóquenla en la puerta del refrigerador, en el espejo del baño o en el cuarto matrimonial. Pónganla en un lugar visible para que se puedan acordar de sus metas y mantenerse enfocados en ellas. Ahora, cada vez que haya una entrada de dinero «extra» que no estaban esperando, o cada vez que reciban un bono en su trabajo, ya saben a dónde debería ir ese dinero.

Enfocarnos en las metas nos ayuda a llegar a ellas.

Por otro lado, los voy a retar a hacer algo que el doctor Larry Burkett nos desafió a hacer a Rochelle y a mí cuando todavía no habíamos llegado a los 30 años de edad: convertir esos sueños en un límite.

Aquí no estamos hablando de renunciar a todas las posesiones para dárselas a los pobres. Estamos hablando de que si Dios o la vida nos permite alcanzar todos nuestros sueños, entonces nos plantaremos allí en nuestro estatus social para poder crear un «excedente» que podamos invertir en la humanidad y dejar un legado.

Rochelle y yo teníamos 65.000 dólares de deudas. Yo ganaba un salario muy básico en mi trabajo de tiempo parcial en la radio y ella no estaba trabajando fuera de casa. En esa situación, hicimos nuestra lista de «sueños» y decidimos dónde nos íbamos a **plantar** en la escala económico-social en Estados Unidos.

Nunca nos hemos arrepentido de haber tomado esa decisión, y el hecho de que ustedes estén leyendo este libro significa que la decisión de no invertir el resto de nuestras vidas en una casa más grande, un auto más sofisticado, metas nuevas y más altas, está dando el resultado esperado.

Pruébenlo. Luego me avisan.

INCREMENTA TU FONDO DE EMERGENCIAS HASTA UN MES DE IND

Ahora que ya tienen una cuenta de ahorro en el banco y están ahorrando con regularidad, la siguiente meta es pasar del 25% de su IND que tenían cuando abrieron la cuenta al 100% del Ingreso Neto Disponible.

Eso toma tiempo, pero deben poner en práctica la gratificación diferida, la paciencia y la perseverancia para lograr esta meta. No se desanimen. Háganlo poco a poco… ¡pero háganlo!

Desarrolla un Plan para pagar deudas

Para tener un plan de pago de deudas, la familia debe seguir unos seis o siete pasos:

1. Tomen control del dinero implementando un plan para controlar gastos.
2. Creen un «excedente», ya sea reduciéndo los gastos, aumentando las entradas o haciendo ambas cosas. El excedente no precisa ser muy grande. Quizás, el equivalente al salario de dos o tres días de trabajo.
3. Tómenle una «radiografía» a **todas** sus deudas y compromisos. Pueden descargar gratis de nuestro sitio web la «Planilla de análisis de deudas». Búsquenla en *www. culturafinanciera.org*.

    Separen las deudas en grandes y pequeñas. Dentro de cada grupo, ordénenlas de acuerdo al interés anual que están pagando (de mayor a menor). El listado de deudas se debería ver de la manera en que aparece en la tabla 5.9.

Tabla 5.9

NOMBRE DE LA DEUDA	CONTACTO Y NÚMERO TELEFÓNICO/ EMAIL	CANTIDAD TOTAL QUE TODAVÍA DEBEMOS	CUOTA O PAGO MENSUAL	INTERÉS ANUAL QUE NOS ESTÁN COBRANDO	NOTAS
GRANDES					
1.					
2.					
PEQUEÑAS					
1.					
2.					

4. Negocien con sus acreedores. Mirando su Plan de control de gastos y la Planilla de análisis de deudas, negocien una reducción en los pagos mensuales, una quita y/o reducción de los intereses, una «pausa» en los pagos por una cierta cantidad de meses, etc.

5. Páguenles a todos los acreedores un poco, pero concentren el excedente creado en el punto dos en el pago de una deuda pequeña con el mayor interés anual.

6. Cuando hayan pagado una deuda, tomen el pago que estaban haciendo a la deuda que acaban de terminar y sumen ese dinero a otra deuda pequeña de menor interés.

7. Cuando hayan terminado con las deudas pequeñas, sigan con las grandes de la misma manera: enfocándose en pagar de acuerdo a los intereses, de mayor a menor.

Por ejemplo, supongamos que tenemos las deudas que aparecen en la tabla 5.10.

Tabla 5.10

TIPO DE DEUDA	PAGO MENSUAL	INTERÉS ANUAL
Compra de TV	$20	16%
Clínica	$20	12%
Préstamo de papá	$25	0
Tarjeta 1	$80	23,50%
Tarjeta 2	$125	18,50%
Préstamo del auto	$324	9,50%
Hipoteca de la casa	$700	8,25%

Si creamos un excedente de **$50**, entonces podemos hacer un plan de pagos en el que, cuando terminamos con una deuda, sumamos ese pago a la deuda siguiente, como se ve en la tabla 5.11.

Tabla 5.11

TIPO DE DEUDA	PAGO MENSUAL	NUEVO PAGO	INTERÉS ANUAL
Compra de TV	$20	$70	16%
Clínica	$20	$90	12%
Préstamo de papá	$25	$115	0
Tarjeta 1	$80	$195	23,50%
Tarjeta 2	$125	$320	18,50%
Préstamo del auto	$324	$644	9,50%
Hipoteca de la casa	$700	$1.344	8,25%

Recuerda que todos los acreedores deberían recibir algo cada mes, pero la deuda en la que nos estamos enfocando debe recibir el excedente que hemos creado. Esa cantidad crecerá en la medida en que pagamos completamente cada deuda y acelerará el pago final de todas las demás.

A este sistema se le llama *El sistema bola de nieve,* porque tal como lo puedes ver en nuestro ejemplo, se comporta como una pequeña bola de nieve, comenzando con una cantidad casi insignificante, que luego termina haciendo una gran diferencia.

Paga tus deudas pequeñas

Ahora que tienes tu plan para pagar deudas, comienza por las pequeñas. Es cierto que un buen asesor financiero te recomendará pagar primero las deudas de mayor interés, punto. Ese es un buen consejo.

Sin embargo, yo prefiero empezar por las deudas más pequeñas, porque la experiencia me ha mostrado que cuando pagamos las deudas más pequeñitas, ¡nos animamos! Es un gran incentivo. Entonces, para arrivar al Destino 2, deben pagar todas sus deudas pequeñas.

Comienza a ayudar a otros. Contáctanos

Ahora que están en el camino hacia la sanidad financiera, ya pueden ayudar a otros familiares y amigos a viajar con ustedes.

Si visitan nuestra página de *www.culturafinanciera.org* o escriben a *info@culturafinanciera.org* podrán ver el tipo de cursos que pueden liderar o el tipo de materiales que les pueden recomendar a las personas que les rodean. No se queden con esta información. Pásenla a otros. Podemos trabajar juntos en llevar sanidad financiera a nuestras familias, nuestros amigos y nuestra comunidad. ¡Anímense!

Metas para el Destino 3:

- Desarrolla e implementa un archivo financiero.
- Incrementa tu Fondo de emergencias hasta tres meses de IND.
- Paga todas tus deudas de consumo.
- Ten un seguro de vida.
- Escribe un testamento.

Desarrolla e implementa un archivo financiero

Tener un archivo financiero no es complicado. Simplemente pueden usar una caja de cartón que les regalen en algún comercio, pueden comprar un archivero portátil de plástico, o un archivero más grande si la familia lo necesita.

El asunto es tener un lugar centralizado donde se encuentren todos los documentos importantes de la familia. A continuación les doy una listita de algunos rubros y documentos que pueden colocar en su archivo financiero:

Recibos y facturas

Recibos de compras importantes
Garantías de productos comprados

Facturas de servicios públicos
Facturas médicas
Facturas de inversión en mejoras a la vivienda
Facturas del mantenimiento de vehículos

Finanzas e inversiones

Información sobre cuentas bancarias
Recibos de tarjetas de crédito
Estados de cuenta bancarios
Estados de cuenta de tarjetas
Informes anuales sobre inversiones
Certificados de acciones
Registros de venta de acciones
Documentación sobre pensiones y planes de jubilación

Impuestos

Declaraciones de impuestos
Facturas pagadas de impuestos a la propiedad
Facturas pagadas de otros impuestos
Pólizas de seguro de salud, de vida, etc.

Compras y ventas

Documentación de la compra o venta de una casa
Registros de la propiedad
Documentación de la compra o venta de vehículos
Documentación de pago total de las hipotecas
Inventario de activos

Deudas y compromisos

Documentación sobre préstamos, incluyendo la documentación que certifica el pago total de préstamos en el pasado.
Contratos

Documentos legales
 Licencias de matrimonio
 Partidas de nacimiento
 Documento Nacional de Identidad (copias)
 Documentos migratorios
 Testamentos
 Documentos de adopción
 Certificados de defunción
 Documentos históricos

INCREMENTA TU FONDO DE EMERGENCIAS HASTA TRES MESES DE IND

Una vez que incrementaron sus ahorros en su Fondo de emergencia al 100% del IND, la siguiente meta es pasar de uno a tres meses de IND a la cuenta de ahorro que tienen en el banco. Esto, por supuesto, no ocurrirá normalmente de la noche a la mañana. Toma tiempo.

Sin embargo, ahora que saben cuál es la siguiente meta, resulta fácil ahorrar regularmente entre el 5 y el 10% de todos los ingresos familiares, además de separar los ingresos extra que de pronto lleguen a la familia, para la construcción de su Fondo. Vale la pena el sacrificio. ¡No se arrepentirán!

Paga todas tus deudas de consumo

Las deudas de consumo son los compromisos económicos que hemos asumido para pagar cosas que pierden valor a través del tiempo. En este Destino, les animamos a que paguen completamente sus deudas de consumo y hagan un compromiso de por vida de nunca más comprar a crédito cosas que pierden valor a través del tiempo, como el refrigerador, la estufa, el teléfono, la lavadora, el televisor, el juego de sala y, sí... ¡hasta el auto!

Usen el crédito para invertir sabiamente en cosas que suben de valor con los años: una casa, un departamento, un terreno, un negocio, etc.

Les recomiendo que lean el libro *¿Cómo compro inteligentemente?*, publicado por el Grupo Nelson, para aprender a comprar de manera inteligente la casa, el transporte y los electrodomésticos. Si no lo encuentran en las librerías, búsquenlo en Internet y lo pueden bajar de manera digital. Les va a ayudar muchísimo.

Ten un seguro de vida

Un seguro de vida no es para todo el mundo. Depende de dónde vives y qué es lo que haces.

Por ejemplo, si vives en algún país con una economía más desarrollada (como la de Estados Unidos, Canadá, Europa occidental, Australia, etc.), probablemente necesites un seguro de vida. Es una buena idea, porque las deudas que tienes al morir no se perdonan y los costos de entierro son altísimos.

Si vives en algún país con una economía no tan desarrollada, pero eres empresaria o empresario, también necesitarás comprar un seguro de vida, y esto incluye a los emprendedores.

Para los demás, siempre y cuando no tengamos grandes deudas, si compramos un terrenito en algún cementerio y prepagamos nuestro entierro, es suficiente para nuestra partida.

Hay otras cosas que debemos hacer con el fin de preparar a nuestros herederos para el momento de nuestra partida, pero eso lo veremos en el Destino 7. Por ahora, concentrémonos en el tema de los seguros de vida.

Antes de comprar un seguro de vida es importante preguntarnos para qué lo necesitamos. Parece obvio, pero no lo es. Mucha gente que compra seguros de vida lo hace por la razón equivocada, compra el producto equivocado o la cantidad equivocada.

Si necesitamos clavar un clavo en la pared, podemos usar un zapato. Sin embargo, esa no es la mejor herramienta para hacerlo.

La mejor herramienta es un martillo. De la misma manera ocurre con los seguros. No son una buena herramienta de ahorro, sirven para asegurar a la gente en caso de muerte.

Entonces, personalmente, no me gustan los seguros que producen un ahorro, porque los seguros **no son para ahorrar.** Por lo general, esos seguros cuestan caros y su tasa de retorno es demasiado baja. Tú podrías tomar la diferencia de precio entre estos seguros y otros que son «a término», invertirla y tener una mucho mejor tasa de retorno.

Entonces, no uses un seguro para ahorrar. Utiliza una cuenta de ahorros o una cuenta de inversiones para ahorrar e invertir, y un seguro para asegurar.

En Estados Unidos, los seguros que ahorran se llaman *whole-life insurance*. Normalmente las cuotas son más altas, la cantidad cubierta es más baja, tienen un ahorro incluido y son cuotas fijas por el resto de tu vida. Tienen sus cosas negativas y positivas. Sin embargo, para mí, las negativas son más poderosas que las positivas.

En casa siempre hemos preferido comprar los seguros que funcionan igual que el seguro del auto: pagas una cuota y te cubre por una cierta cantidad de tiempo y dinero. En el caso de los seguros de vida, esa cuota es fija por una determinada cantidad de años, pero cuantos más años tienes, más cara resulta.

Eso a mí no me importa, porque cuando eres joven es cuando más necesitas un seguro. Tienes familia, deudas, la hipoteca de la casa, un montón de compromisos y... ¡tienes poco dinero! Estos seguros en Estados Unidos se llaman *term-life insurance,* y son los que contratas de año en año.

Más adelante en la vida, cuando ya has pagado todas tus deudas y los hijos son adultos y tienen sus propias familias, lo único que necesitas es tener un pedazo de tierra para que te entierren y pagar por adelantado el cajón y el servicio funerario. ¡Listo! Ya no necesitas tener un seguro de vida.

Piensa, con el primer tipo de seguro, pagas más y recibes menos cuando más necesitas un seguro. Con el segundo pagas menos y recibes más cobertura cuando más la necesitas.

Todo lo demás es una distracción por parte del vendedor de seguros, porque estos vendedores ganan más comisión con el seguro que ahorra que con el de vida a término.

Recuerda: ahorra con herramientas para ahorrar y asegura con herramientas para asegurar. No ahorres asegurando, eso solo te va a hacer perder dinero a largo plazo.

Ahora hablemos de la cantidad. Haz una lista de las cosas por las que deberías pagar tu seguro de vida. Te doy algunas ideas:

- Pago de deudas (a tarjetas, negocios, parientes): _____
- Pago completo de la hipoteca: _____
- Pago de todos los compromisos del negocio: _____
- Estudio de los hijos (¿100%, 50%?, ¿por cuántos años?): _____
- Salario por seis meses para reemplazar el perdido: _____
- Otras necesidades que se deben cubrir: _____

_____

_____

_____

_____

_____

TOTAL NECESARIO: _____

Esta es una buena manera de calcular **exactamente** cuánto seguro se necesita. Otra manera (usada por algunos agentes, pero no tan exacta) es simplemente multiplicar tu IND por 12, para saber cuál es la cantidad anual de ingreso, y luego multiplicar por 10 esa cantidad anual.

Ingreso Neto Disponible x 12 = Ingreso anual

Ingleso anual x 10 = Necesidad total de seguro

Por último, también puedes calcular la necesidad total de seguro de vida multiplicando el ingreso anual por la cantidad de años que todavía nos quedan para comenzar a recibir una jubilación por parte del gobierno. Entonces, si yo tengo 40 años, me voy a retirar o jubilar a los 65 y gano 36.000 al año, necesitaré 25 x 36.000 de seguro. Eso es 900.000

A pesar de la variedad de formas de calcular nuestra necesidad de seguro de vida, yo recomiendo que usen la primera; es la más exacta y efectiva. No compres demasiado seguro. Solo lo que necesitas, ¡pero compra uno!

Los iberoamericanos tenemos serios problemas con esto de los seguros y, en la medida en que viajo alrededor del mundo, veo el dolor profundo que dejan en la vida de sus familias los padres y madres que no tienen un seguro de vida. Sé responsable por tu familia. Si necesitas tener un seguro, cómpralo esta misma semana.

Escribe un testamento

Tener un testamento no es legal en nuestros países. Entonces, si no es legal en tu país, no lo hagas. Sin embargo, en otros países es una muy buena forma de evitar pasar a través de un juicio por herencia en el que el gobierno y los abogados se llevan la mayoría de los recursos que queremos pasar a la siguiente generación.

Consulta con un escribano o un abogado en tu país, quienquiera que sea el que se encarga de hacer este tipo de documentos; si la pareja tiene hijos, ya necesita un testamento en el que se explique cómo se va a distribuir la herencia y cuáles son sus últimos deseos.

Hay varias maneras de evitar ir a juicio por la herencia. Una de ellas es que ustedes repartan la herencia estando en vida para poder guiar de una mejor manera a la siguiente generación en el uso de esos recursos. Otra es tener una reunión familiar y compartir con sus hijos los deseos de ustedes con respecto a la distribución de la herencia.

Por último, pueden escribir una carta a la familia para que, en caso de tener algún accidente repentino, posean un documento que los guíe en el proceso de distribución de los recursos que ustedes han acumulado durante toda su vida.

Recuerden ser generosos e incluir a su comunidad de fe y obras de bien en el testamento. En casa creemos que el testamento es, probablemente, el último acto que haremos en la tierra antes de encontrarnos cara a cara con nuestro Creador. Nosotros queremos estar seguros de no llegar a las puertas del cielo con las manos vacías.

Esa es **nuestra** razón para separar una porción de la herencia a fin de compartir con Dios y con el prójimo. Ustedes piensen en la suya, pero háganlo. No se arrepentirán.

Metas para el Destino 4:

- Abre una cuenta de ahorro para compras mayores.
- Comienza a ahorrar para compras mayores.
- Desarrolla un Plan de jubilación o retiro.
- Planea el pago de la educación de los hijos.

Abre una cuenta de ahorro y comienza a guardar para compras mayores

A estas alturas ya tienes una cuenta para tu Fondo de emergencias. Sin embargo, ese Fondo de emergencias no debería ser usado para reemplazar tu refrigerador, remodelar la cocina, comprar un televisor más grande o lanzar un negocio. Esos son gastos que la familia debe hacer de vez en cuando.

Por eso, ahora que tienes un excedente de dinero porque has pagado todas tus deudas de consumo, puedes abrir una cuenta de banco especial, tomar parte de lo que estabas pagando a tus deudas, y depositar allí dinero para un ahorro con propósito.

En el Fondo de emergencias continúas depositando dinero hasta que tengas dos o tres IND completitos. Pero en esta cuenta depositas dinero para proyectos específicos. Si no tienes proyectos específicos para los cuales ahorrar, puedes usar ese dinero para invertir, pero ese es tema para otro libro.

Desarrolla un Plan de jubilación o retiro

Responde: ¿qué vamos a hacer una vez que no tengamos que ir a trabajar cada día? ¿Qué tipo de vida vamos a tener?

Nadie se convierte en un «inútil» a los 65 años de edad. Hay mucho que hemos aprendido en la vida y mucho que podemos dar a los demás. Si paramos de trabajar, nos morimos poco a poco. Es mucho mejor ver la vida como un partido de fútbol en el que a los 60, 65, 67 o en el año que sea, simplemente comenzamos «el segundo tiempo».

Tomen un «intermedio» para poder pensar en qué hacer del otro lado del retiro, porque eso determinará cuánto dinero necesitarán mes tras mes, y la idea en este Destino es pensar cómo vamos a obtener ese dinero.

Hay varias cosas que uno puede hacer para suplementar el dinero que viene del gobierno una vez que nos jubilamos. Podemos:

- Seguir trabajando.
- Rentar parte de nuestra casa a jóvenes universitarios o parejas jóvenes.
- Tener un departamento, local o casa para rentar a otros.
- Tener dinero invertido en la Bolsa de valores para recibir intereses.
- Tener una pensión de la empresa en la cual uno ha trabajado.

Estas son solamente algunas ideas. Seguro que ustedes pueden imaginar muchas más maneras de suplementar el cheque del gobierno. Pero para eso, no pueden esperar mucho. Cuanto antes comiencen con este plan, mejor. Les llevará varios años poder preparar las cosas. Quizás 10. Quizás 20. Quizás más...

Piensa, ¿cuánto necesitaremos todos los meses para vivir como queremos en el tiempo de retiro?

Escribe ese número aquí: $_____

¿Cómo generaremos ese dinero?

Jubilación:	$_____	
Pensión:	$_____	
Trabajo:	$_____	
Rentas/Alquileres:	$_____	
Fondo de inversión:	$_____	
Otra fuente:	$_____	(¿Cuál?: _____)
Otra fuente:	$_____	(¿Cuál?: _____)
Otra fuente:	$_____	(¿Cuál?: _____)
TOTAL:	$_____	

Empieza lo antes posible.

Planea el pago de la educación de los hijos

Piensen en cómo van a hacer para pagar la educación de los hijos, especialmente la universitaria. En casa, pudimos lograr que cuatro miembros de nuestra familia fueran a la universidad sin tener que acumular ni un dólar de deuda.

Nosotros no ganamos grandes cantidades de dinero, porque hemos decidido tener una vida sencilla y donar el excedente de nuestras entradas a Cultura Financiera: la ONG que comenzamos en los años 90. Sin embargo, el desarrollo de un buen plan, con el apoyo y el aval de nuestros hijos, nos permitió evitar que la familia fuera esclava de los acreedores a causa de este tema.

Algunas cuestiones para considerar:

- No todos los chicos deben ir a la universidad. Si mi hijo quisiera ser mecánico, lo enviaría a un colegio técnico para que aprendiera mecánica y lo apoyaría para que desarrollara su negocio.

- La universidad, por otro lado, se está convirtiendo en la secundaria de años pasados. Cada vez más, las empresas están pidiendo títulos universitarios para sus posiciones de liderazgo.
- Los chicos no necesitan ir a la universidad ni bien terminan la preparatoria o la secundaria.
- Los hijos pueden tomar un sabático de los estudios con el fin de trabajar y ganar dinero para pagar la universidad. Eso les va a dar tiempo para madurar y considerar el camino que habrán de seguir.
- Mientras alcance el dinero pueden estudiar y cuando se acabe el dinero pueden tomar otro sabático para ahorrar más dinero.
- Nuestros hijos no necesitan terminar la universidad en un determinado tiempo. Pueden emplear más tiempo para graduarse.

Todas estas consideraciones requieren sacrificio. Sin embargo, yo siempre pensé que el mejor regalo que le puedo dar a mi futuro yerno es una novia libre de deudas (¡y ahora me lo agradecen!).

Este es uno de esos momentos en los que nuestros paradigmas y valores tocan la realidad económica de nuestras vidas: es muy difícil sacrificarse a menos que uno tenga un profundo amor por la libertad y un compromiso sólido de no endeudarse.

La señora Emma Kerr, escribiendo para la renombrada revista *US News & World Report,* dijo que para finales del 2020 el promedio de endeudamiento de los jóvenes graduandos de la universidad en Estados Unidos sería de U$30.000.[2]

Ese es el promedio.

Cuando estos jóvenes se quieren casar –por lo general inmediatamente después de graduarse– el novio trae al altar 30.000 dólares de deudas, la novia trae otros 30.000, y el primer día de casados esta pareja se encuentra en un agujero económico de ¡60.000 dólares!

Entonces, no es de soprender que en la actualidad tantos matrimonios terminen en divorcio, especialmente por razones económicas.

Planeemos con tiempo e involucremos a nuestros hijos en la planificación. Es mucho más fácil de esa manera.

Metas para el Destino 5:

- Compra una casa.
- Haz pagos extras a la hipoteca.
- Desarrolla un Plan de inversión.
- Comienza a invertir.

Compra una casa

Si no lo has hecho todavía, una vez que has cumplido con todas las metas de los Destinos 1 al 4, este es el momento de pensar en comprar una casa.

Para aprender a comprar una casa sabiamente, te recomiendo que te consigas, de manera física o en línea, mi libro *¿Cómo compro inteligentemente?* Con su lectura, tú y tu pareja aprenderán en detalle cómo pasar exitosamente a través del proceso de compra de una vivienda.

La vivienda es, probablemente, la inversión más grande que hará tu familia en toda tu vida. No puedes darte el lujo de cometer errores, porque te van a costar carísimos, como al joven de la historia que te conté anteriormente.

Este no es un asunto de capacidad, es un asunto de estrategia. La cosa no es ver si tienes dinero o no para comprarla o qué casa deberías comprar y dónde. El asunto es **cómo** lo haces. Pasar por el proceso apropiado es un asunto de «vida o muerte».

Aquí van los pasos principales:

1. Realizar un análisis presupuestario de la familia.
2. Confirmar su capacidad crediticia (¿buen crédito?, ¿necesita mejoras?).
3. Salir a comprar... un préstamo.
4. Hacer una lista de «negociables» y «no-negociables».
5. Buscar la casa y comprarla.

Nuevamente: para entender mejor esos pasos, vayan al libro *¿Cómo compro inteligentemente?* Estoy seguro de que lo pueden encontrar a través de Internet.

Haz pagos extras a la hipoteca

Voy a contarles una historia para ilustrar este punto. Hace muchos años, traduje esta historia de un ejemplo que le escuché enseñar al doctor Larry Burkett. La misma cambió la forma en que entendía la manera de encarar la compra de mi casa y cómo debía pagar por ella.

Fue tan impactante que se la enseñé a mis dos hijas, que ahora casadas, tomaron esta historia como base para la compra de sus propias casas y el establecimiento de los planes de pagos. Aquí va la historia de Pedro Paciente y Ricardo Rápido.

Nota: Tengo que reconocer que no estoy tomando en cuenta algunos aspectos financieros importantes como la fluctuación del mercado inmobiliario, la inflación, el pago del seguro por no poner el 30% de enganche, y los costos de compra y venta del inmueble. La razón te la explicaré al final, pero tiene que ver con la lección principal que quiero enseñar y que hace que esos aspectos financieros no jueguen un papel muy importante en la historia.

Entonces, volviendo a mis dos amigos, Pedro Paciente y Ricardo Rápido...

Los dos quieren comprarse una casa que equivale a 100.000 dólares norteamericanos, tienen 10.000 dólares para el depósito inicial y pueden pagar unos 700 de mensualidad por la hipoteca.

Mi amigo Ricardo Rápido compra rápidamente la casa más grande que pudo encontrar por ese dinero y ese pago mensual. Le costará 101.137,55 dólares

Aquí va un dibujito de su casa:

Por otro lado, Pedro Paciente –como es paciente– decide que en vez de comprarse la casa más grande que puede, con los 700 mensuales que puede pagar se va a comprar una más pequeña. Le va a costar 66.458,12 dólares.

Aquí va un dibujo de la casa de Pedro Paciente:

Entonces, esta es la situación de mis dos amigos:

RÁPIDO	PACIENTE
Casa de $101.037,55 Anticipo: $10.000,00 Deuda: $91.037,55 Plazo: 30 años Interés: 8,50% anual Pago mensual: $700	Casa de $66.458,12 Anticipo: $10.000,00 Deuda: $56.458,12 Plazo: 30 años Interés: 8,50% anual Pago mensual: $700

En el primer mes de pago, la paciencia de Pedro Paciente comienza a tener un resultado positivo: como él está pagando más de lo que debería, una porción más grande de sus pagos mensuales está yendo a eliminar su deuda con el banco.

Mira esta demostración del mes número 1 (los números están redondeados):

NOMBRE	DEUDA	PAGO	INTERÉS	A LA DEUDA	ACTIVO
Rápido	$91.038	$700	$645	$55	$10.055
Paciente	$56.458	$700	$400	$300	$10.300

Como Paciente está pagando más de lo que debería a la deuda, entonces su activo crece mucho más rápido cada mes. Si vives en Estados Unidos, los norteamericanos llaman *equity*, en inglés, a lo que nosotros llamamos *activo*.

Diez años después...

A los diez años, como ha estado dando más dinero cada mes a los pagos de su hipoteca, mi amigo Pedro Paciente termina de pagar completamente su casita. Entonces, esta es la situación económica de mis dos amigos luego de pagar 700 dóares por 120 meses:

MES	NOMBRE	DEUDA	PAGO	INTERÉS	A LA DEUDA	ACTIVO
120	Rápido	$80.663	$700	$572	$128	$20.375
120	Paciente	$695	$700	$5	$695	$66.458

Nota algo muy importante: Ricardo Rápido, después de pagar 700 dólares todos los benditos meses por los últimos diez años ¡todavía debe **80.000** de los 91.000 dólares que pidió prestados originalmente! ¿No te parece un robo? Sin embargo, es totalmente legal.

Él ha caído en una trampa económica y ha estado pagando una especie de renta o alquiler por su casa al banco (en forma de intereses) y al gobierno (en forma de impuestos).

Ahora bien, si Ricardo Rápido vendiera su casa, ¿tú crees que el banco le va a devolver todos los intereses que pagó **de más** hasta ahora? ¡Jamás! ¡Se queda con todos los pagos y todos los intereses adelantados que pagó hasta ahora! Por esa razón los bancos tienen las oficinas más bellas y los edificios más grandes de la ciudad: se han convertido en una increíble «aspiradora de dinero».

Si no sabes cómo se juega, ¿cómo vas a ganar? Ahora te vas dando cuenta de cómo se juega, ¿no?

Paciente cumple sus sueños...

Como ya terminó de pagar su casita más humilde, ahora Pedro Paciente la vende por exactamente la misma cantidad de dinero que le costó y coloca ese dinero como anticipo para comprar la casa de sus sueños justamente al lado de la de Ricardo Rápido, pagando lo mismo que Rápido: 101.037,55 dólares.

Casa de Ricardo Rápido   **Casa de Pedro Paciente**

Entonces, Paciente continúa pagando sus 700 mensuales a la nueva hipoteca de treinta años al 8,50% de interés anual. Aquí vemos la situación en el mes 121:

MES	NOMBRE	DEUDA	PAGO	INTERÉS	A LA DEUDA	ACTIVO
121	Rápido	$80.534	$700	$571	$129	$20.504
121	Paciente	$34.579,43	$700	$244,94	$455,06	$66.913,18*

* El activo de Pedro Paciente es el dinero que colocó de anticipo o enganche para comprar la nueva casa ($66.458,12), sumado al pago aplicado a la deuda ($455,06).

Cinco años y dos meses después...

Cinco años más tarde, mi buen amigo Pedro Paciente termina de pagar la casa de sus sueños. Veamos la comparación con Ricardo Rápido después de quince años y dos meses de pagos mensuales:

MES	NOMBRE	DEUDA	PAGO	INTERÉS	A LA DEUDA	ACTIVO
182	Rápido	$70.692	$700	$502	$198	$30.346
182	Paciente	$0	$700	$4,98	$695,02	$101.137,55

Como puedes notar, mi amigo Ricardo Rápido todavía debe unos **70.000 dólares** por su préstamo de 91.000. Cada mes, todavía una gran parte de su pago va hacia el pago de intereses y no a su deuda.

Pedro Paciente está en una situación muy distinta. Ha pagado completamente su casa y ahora tiene 700 dólares libres cada mes. Él toma una muy sabia decisión: invertir ese dinero mensual muy conservadoramente en un negocito o inversión en un Fondo mutuo al 8% de interés anual.

Quince años más tarde...

Luego de treinta años de haber comenzado su carrera hipotecaria para comprar la casa de sus sueños, mis dos amigos están en lugares muy diferentes, guiados por las decisiones que tomaron en su juventud: uno, con impaciencia, comprando la casa más grande que pudo lo antes posible; el otro, pacientemente, comprando una pequeña, vendiéndola, comprando una segunda e invirtiendo a largo plazo sus pagos hipotecarios «excedentes» de 700 mensuales.

Veamos juntos su situación económica. En primer lugar, tanto Rápido como Paciente tienen un activo de 101.137,55 dólares por el valor de la casa de sus sueños.

Sin embargo, la inversión de Paciente de 700 dólares mensuales al 8% anual, por quince años, ha generado un capital adicional de ¡236.324,41 dólares!

La paciencia y la perseverancia a través del tiempo pagaron muy bien en la vida de Pedro Paciente. No fue fácil (nunca es fácil), pero valió la pena. Ahora, frente al momento de su vida en el que Pedro Paciente está pensando en sus planes de jubilación (retiro), logró acumular activos ¡por casi 340.000 dólares!

La diferencia no la hizo el mercado. El precio de las casas en el mercado va a subir o bajar para los dos de la misma manera. La gran diferencia la hizo el hecho de que Ricardo Rápido teminó pagando **$160.968 en intereses**, y eso lo mató, económicamente hablando. Su impaciencia por disfrutar de lo mejor en el menor tiempo posible le costó carísimo.

Por esa razón no deberían comprar la casa más grande que puedan al comienzo de su vida de familia. Es mucho mejor comprar una más pequeña, prepagarla y luego venderla y comprar una más grande.

Es mucho, mucho mejor comprar un terrenito al contado y construir a través del tiempo, sin deudas.

Con independencia de las circunstancias de su vida, recuerden que el juego se llama: **el que paga intereses... ¡pierde!**

Aprendan a jugarlo bien y progresarán.

DESARROLLEN UN PLAN DE INVERSIÓN Y COMIENCEN A INVERTIR

Para hacer esto, probablemente necesitarás reunirte con alguien que sepa sobre inversiones en tu país. Cada nación presenta un grupo de oportunidades diferentes en el tema de las inversiones posibles, y yo no quisiera recomendarte que ustedes hagan algo que no va a funcionar en su contexto.

El Fondo de emergencias

El primer requisito para comenzar un Plan de inversión es tener bien provisto el Fondo de emergencias. Si no tienes tu Fondo de emergencias, te meterás en problemas, porque el dinero de las inversiones no siempre está disponible en caso de que surjan problemas.

Tarjetas de crédito y otras deudas

El otro requisito es tener (por lo menos) las deudas de consumo completamente pagas. Por ejemplo: invertir en pagar tarjetas de crédito es una mejor inversión que invertir en la Bolsa de valores.

La Bolsa de Nueva York, históricamente, ha provisto alrededor de un 11% de interés anual. Si pagas deudas en dólares o euros que tienen un interés del 18%, ¡le estás ganando al promedio de la Bolsa de valores de Nueva York! Recuerda que «un peso ahorrado es un peso ganado».

Fondos de inversión

En Estados Unidos existen herramientas de inversión en las que mucha gente invierte en un «pozo común» y un experto inversionista invierte el dinero por ellos para generar una cierta cantidad de ganancias anuales. Esos pozos comunes se llaman *Fondos mutuos*. En tu país puede que se llamen diferente. Averigua, pero asegúrate de que estén regulados por el gobierno.

Yo he visto a muchísima gente perder dinero porque un familiar o un amigo los animó a que se involucraran en una inversión no regulada por el gobierno. Esta es un área en la que las personas cometen muchísimos errores y pierden dinero a diestra y siniestra.

Para averiguar sobre Fondos de inversión, habla con alguien del banco donde tu familia tiene una cuenta de cheques o ahorro. Ese es un muy buen lugar a donde ir para pedir orientación.

Bienes raíces

Esta es, probablemente, una de las inversiones más fáciles de hacer para la mayoría de las familias del mundo de habla hispana. Hay varias maneras en las que uno puede invertir en bienes raíces:

- Construir un pequeño departamento dentro de tu casa para luego rentarlo.
- Construir un departamento (o varios) en tu terreno, pero afuera de tu casa.
- Comprar un terreno y construir una casita (o varias) para rentar.

- Comprar un terreno y construir pequeños locales para rentar a negociantes.
- Comprar una casa para rentarla. La renta pagará la hipoteca.
- Comprar pequeños locales para rentarlos a negociantes.

La lista es interminable. Este tipo de inversiones son relativamente sencillas de hacer y entender. También tienen la ventaja de que son inversiones que podemos ver y tocar. Tengamos una buena economía o una recesión, un pedazo de tierra estará siempre allí; no es un pedacito de papel que dice que somos accionistas de empresas que ni siquiera conocemos.

La Regla del 72

Puedes considerar la Regla del 72. Es una simple regla matemática que permite saber cuánto tiempo tardarás en duplicar una determinada cantidad de dinero solo dividiendo el número 72 por la tasa de interés. Por ejemplo: si mi inversión produce el 6% de interés anual, me tomará doce años duplicar la cantidad de dinero invertido, porque 72 dividido por 6 es 12.

Aquí hay otros ejemplos:

72 dividido por el 8% = 9 años

72 dividido por el 12% = 6 años

72 dividido por el 4% = 18 años

Si tengo 1.000 pesos y se los presto a alguien al 12% de interés anual, me tomará 6 años que esos 1.000 se conviertan en 2.000.

La Regla del 72 no es exacta, pero permite calcular a grandes razgos y fácilmente más o menos cómo el dinero invertido va a crecer al través del tiempo.

OTRAS INVERSIONES Y SUGERENCIAS

Hay muchísimas maneras de hacer dinero, especialmente cuando lo tenemos. Esa es la ventaja de haber pagado las deudas, construido un Fondo de emergencias y creado un excedente.

Para aprender cómo invertir apropiadamente, te recomiendo que ustedes, como pareja, tomen el curso llamado *Más allá de fin de mes*, producido por Cultura Financiera. Escribe a *info@culturafinanciera.org* y pide información sobre cómo acceder a esta clase y materiales educativos sobre el tema.

Por lo pronto, me gustaría compartir contigo y tu cónyuge algunas recomendaciones sobre cosas que deben tener en mente al momento de invertir.

1. Inviertan en algo que conozcan.

Invertir en algo que no conocen es uno de los errores más comunes que las parejas de hoy en día cometen. Si no conoces el tipo de inversión que te están ofreciendo, a pesar de que parezca un excelente negocio o tenga un retorno increíble, la realidad es que uno siempre tiene que pagar el «derecho de piso», es decir, pagar por los errores que comete porque no conoce el negocio en el que está involucrado.

Ese derecho de piso, esa pérdida de dinero por cometer errores propios de un novato, es lo que te desangra y, por último, te mata económicamente.

2. Inviertan en algo que entiendan.

Si no puedes explicarle la inversión que vas a realizar a tu abuelito o a tu madre, probablemente no sabes lo suficiente. Es importante entender el tipo de inversión que uno está realizando y el nivel de riesgo que está asumiendo.

Esto es típico, por ejemplo, en el mundo de las criptomonedas. Todo el mundo habla de ellas, nadie las entiende. No te metas en una inversión que no entiendes. Vas a perder dinero.

3. Comiencen con poco y háganlo a largo plazo.

Cuando comiences a invertir, hazlo poco a poco. De esa manera, si inviertes cantidades pequeñas, los errores serán pequeños y las pérdidas pequeñas. Si te lanzas al agua con todo lo que tienes, en el primer error perderás sumas considerables y, quizás, no te podrás recuperar nunca más del error cometido.

Hay una leyenda urbana que afirma que Albert Einstein dijo alguna vez: «El interés compuesto es la octava maravilla del mundo. Aquellos que lo entienden, lo ganan, aquellos que no, lo pagan». Lo haya dicho o no el famoso científico, la realidad es que el interés compuesto es una maravilla que el pueblo, en general, no aprecia.

La gente que lo hace, normalmente, viene de familias con dinero o vive en sociedades ricas, donde la población comprende el impacto económico del interés compuesto (interés, sobre interés, sobre interés).

Por ejemplo, si cuando nace un nuevo bebé en la familia la mamá ahorrara 5 dólares por cada día de trabajo y el papá hiciera otro tanto, esos 10 dólares por día laboral podrían proveerle a su hijo, cuando él llegue a los 18 años, aproximadamente el equivalente a entre 130.000 y 150.000 dólares para gastos de universidad (asumiendo el 12% de interés anual de retorno que ha tenido históricamente la Bolsa de valores en el mercado norteamericano).

Si el dinero no se gasta y se continúa invirtiendo 10 dólares por día laboral (50 por semana, 200 por mes), a los 33 años este joven tendrá **1.000.000 de dólares.** Y si continúa haciendo lo mismo hasta el día de su jubilación, a los 65 años de edad, habrá acumulado la friolera de **¡46 millones 900 mil dólares!** (suficiente para proveerle, si continúa invirtiendo sabia y conservadoramente, un salario de más de **200 mil dólares mensuales por el resto de su vida**).

Por supuesto, si estás leyendo este libro en cualquier país de Latinoamérica, ya puedo ver tu sonrisa a flor de labios... Sé que no es normal para nosotros tener 200 dólares para invertir cada mes por el resto de nuestras vidas (a pesar de que desde los años 90 estamos viendo el crecimiento de una clase media educada y con posibilidades económicas en los países en desarrollo). Tampoco es normal que nuestras inversiones tengan, como promedio, un 12% de ganancias anuales.

De todos modos, la enseñanza es válida: «algo» siempre es mejor que nada y el poder de la acumulación de intereses se puede aplicar tanto a grandes sumas de dinero como a pequeñas. Si en vez del equivalente a 10 dólares, pudiésemos ahorrar 1 dólar diario e invertirlo al 12% anual, todavía nuestro hijo o hija tendría unos 100.000 dólares a los 33 años.

«Una travesía de mil kilómetros», dice un proverbio chino, «comienza con un sencillo primer paso».[3] Lo importante no es cuánto dinero tengan ustedes para invertir el día de hoy. Lo importante es que, como pareja, tomen la decisión de dar ese sencillo primer paso.

4. Eviten las deudas.

No pidas prestado para invertir. Aun cuando hablamos de invertir en un negocio, pedir prestado y pagar intereses debería ser la última de las alternativas que consideremos. Como ya lo dijimos, el juego se llama *el que paga intereses, ¡pierde!* Evita pagar intereses en una inversión de negocios lo más que puedas.

5. Comprométanse a no perder el gozo, a ser resilientes.

Si van a invertir, tienen que estar dispuestos a perderlo todo y no perder el gozo en el proceso. Si no saben cómo hacerlo, no inviertan. Uno debería estar dispuesto a decir: «¡Bueno!... eso fue terrible. Lo perdimos todo. Vamos a aprender la lección y nunca más vamos a volver a cometer una estupidez como esa. Ahora, vamos a sacudirnos el polvo que se nos pegó en la ropa a causa de la caída y vamos a mirar hacia adelante...».

Ustedes no pueden destruir la relación de pareja ni la relación con la familia simplemente porque perdieron dinero en un negocio o inversión. Si no tienen la capacidad de ser económica y emocionalmente resilientes, las inversiones no son para ustedes y ustedes no son para las inversiones (o los negocios).

Metas para el Destino 6:

- Paga el 100% de la hipoteca.
- Paga la educación de los hijos.
- Comienza a enseñar a otros.

Paga el 100% de la hipoteca

Si tienen una hipoteca, para llegar a este Destino 6 deberán pagarla completamente. ¿Ahora ven por qué llamamos a este mapa *El mapa de la vida* de Cultura Financiera? Porque te tomará mucho tiempo cumplir con cada uno de los Destinos.

Sin embargo, ahora que ya pagaron sus otras deudas, tienen un ahorro y han comenzado a invertir, este es el momento de enfocarse en el pago de la hipoteca de la casa si la tienen.

La meta de pagar la hipoteca no apunta simplemente a ahorrar intereses. A veces, hay países en los que los intereses son «negativos»: uno toma una hipoteca al 6% de interés anual, pero la inflación es del 10%. En ese caso, el país les pagó el 4% del valor de la propiedad **¡a ustedes!**

Cuando uno se encuentra pagando una hipoteca con intereses negativos, mientras más tiempo tarda en pagar el préstamo, menos paga. Entonces, uno diría que le conviene no prepagar el préstamo, lo cual es correcto desde el punto de vista económico.

Sin embargo, el prepago de la hipoteca de la casa familiar no solo toma en consideración asuntos económicos. También hay que considerar asuntos emocionales: esta es la casa donde vive la familia y nunca tendremos la seguridad de que la familia se pueda quedar a vivir en ella hasta que no paguemos la hipoteca por completo.

Otra razón es que, como ya dijimos, el deudor es esclavo del acreedor, por eso uno debería salirse de sus compromisos económicos lo antes posible.

Entonces, para poder llegar al Destino 6 se debe pagar por completo la hipoteca de la casa.

Paga la educación de los hijos

Hay muchas y variadas maneras de pagar por la educación de los hijos. Lo importante no es tener el dinero, sino un plan. Uno puede pagar por la educación con:

- Una cuenta de ahorro estudiantil.
- Un prepago de la educación secundaria o terciaria (hay universidades que permiten prepagar la universidad desde el momento en que nuestros hijos nacen).
- La compra y venta de una propiedad.
- Un plan en el que nosotros y nuestros hijos trabajamos, ahorramos y compartimos gastos de la educación.
- Becas universitarias y donativos familiares.
- Una mezcla de algunas o todas las opciones anteriores.

Comienza a enseñar a otros

Si no lo están haciendo todavía, les queremos animar a que se unan a los cientos y cientos de líderes en el mundo de habla hispana que están compartiendo lo que han aprendido con nosotros con otras personas que lo necesitan y viven a su alrededor.

Hay mucho dolor en nuestras familias provocado por el tema del dinero. Como lo decíamos anteriormente, el dinero es un buen siervo, pero un mal amo. Lamentablemente, tenemos muchísimas parejas que son esclavas del dios del dinero.

Si tú y tu pareja quieren unirse a este movimiento para traer liberación y sanidad financiera a nuestros familiares, amigos y compatriotas, no necesitan hacer nada especial; pueden comenzar hoy mismo simplemente compartiendo lo que aprendieron con sus hijos, familiares y amigos.

Tambien pueden ir a la página de Cultura Financiera y ver allí los recursos disponibles para enseñar estos conceptos a otros. A continuacción te presento algunas de las cosas que, como pareja, pueden hacer para ser de bendición en la vida de otros:

- Compartir el contenido de este libro.
- Certificarse como mentores financieros y ayudar a otros a salir de problemas.
- Certificarse como instructores financieros e impartir nuestros talleres y seminarios en su comunidad de fe, en alguna escuela, en empresas o en oficinas del gobierno.
- Certificarse como facilitadores y liderar un curso en línea o presencial.
- Certificarse como líderes y desarrollar una organización en su comunidad de fe, su barrio o ciudad.

Escríbannos a *info@culturafinanciera.org* y pídannos orientación sobre cómo pueden ayudar a otros en la medida en que ustedes mismos llegan a caminar en sanidad financiera.

Metas para el Destino 7:

- Implementa el Plan de retiro o jubilación.
- Educa a los herederos y transfiere la herencia.
- Vive en contentamiento.
- Da generosamente.
- Deja un legado más allá de tu vida.

Implementa el Plan de retiro o jubilación

Para cuando lleguen al Destino 7, estarán a punto de implementar el Plan de jubilación. Este es el momento de hacer los cambios necesarios para el «segundo tiempo» del partido de la vida. Es cuando hay que pasar los negocios a la siguiente generación, vender alguna propiedad con el fin de tener dinero en efectivo para imprevistos de salud, mudarse, cambiar la forma en que manejamos nuestra vida y comenzar a implementar esos planes que hicimos en nuestra juventud.

Es el momento en que muchas familias de nuestro mundo hispano hablan sobre planes para que los padres compartan una vivienda con alguno de sus hijos adultos y, de esa manera, ser cuidados por ellos. Yo quisiera poder mantener mi independendencia lo más posible, pero las cosas cambian en la vida, ¿no? Cuando eran niños, nosotros los cuidábamos a ellos y, ahora, en los años avanzados, ellos tienen el privilegio de cuidarnos a nosotros.

En casa, mis suegros cuidaron de los abuelos hasta el último día de su vida. En el 2019, mi esposa y yo mudamos a mi suegra con nosotros (luego de que ella vivió independientemente como viuda por más de diez años). Algún día necesitaremos que alguno de nuestros hijos haga lo mismo con nosotros. Es mejor hablarlo y planearlo temprano. Luego, es muy difícil tomar ese tipo de decisiones.

Por último, también es el momento de ofrecernos como voluntarios para alguna organización y de invertir tiempo y sabiduría en la vida de nuestros hijos, nietos y jóvenes de la comunidad. El momento de disfrutar de los años dorados y cosechar lo que sembramos.

Educa a los herederos, transfiere la herencia, da generosamente y deja un legado

En este Destino es importante educar a nuestros herederos:

- ¿Qué es lo que quieren que ocurra cuando uno o los dos ya no estén?
- ¿Dónde están los papeles importantes?
- ¿Cuáles son las instrucciones con respecto a la distribución de la herencia?
- Si tienes un seguro de vida, ¿cómo se debe usar el dinero del seguro de vida?
- ¿Cuáles han sido los arreglos para el servicio funeral y el entierro?
- ¿Quién asesorará a la familia con las cuestiones legales?
- ¿Quién asesorará a la familia con las cuestiones financieras?
- ¿Cuánto dinero dejaremos para la obra de Dios (si tenemos una comunidad de fe), y cuánto dejaremos para qué obra de caridad u ONG?

Yo siempre pienso que un documento de mi «última voluntad» es el último acto que realizaré en este mundo, antes de irme al más allá. Mi esposa y yo queremos estar seguros de no llegar al cielo con las manos vacías. Por eso, más allá de lo que recibirán nuestros hijos, dejaremos parte de la herencia para nuestra iglesia, para el Reino de Dios y para obras de caridad con el fin de dejar un legado.

Piensen cuáles quieren ustedes que sean las últimas instrucciones para sus hijos y compártanlas con ellos. Luego, escriban una carta con esas mismas instrucciones y déjenla dentro de un sobre que ellos puedan abrir y leer cuando ustedes ya no estén. Dejen esa carta en algún lado que sea fácil de encontrar.

Ese es el rol que debemos cumplir como buenos y fieles administradores de lo que hemos recibido en la vida. Enseñémosles a nuestros hijos a hacer lo mismo.

Vive en contentamiento

Para finalizar, vuelvan a ver la sección sobre El Principio de la Verdadera Felicidad, el séptimo Principio P en el capítulo sobre «Ideas que hacen la diferencia». A estas alturas de la vida, es importantísimo vivir en contentamiento día a día: aprender a ser felices con lo que tenemos y en el lugar donde estamos.

Eso nos dará una excelente experiencia de vida y nos permitirá disfrutar con gozo los últimos años sobre esta tierra.

Ahora tú y tu cónyuge tienen un mapa, un plan para toda la vida. Lo único que deben hacer es tomar la decisión firme de implementarlo con perseverancia a lo largo de los años. ¡Adelante!

TIEMPO CON TU ENTRENADOR

Descarguen El mapa de la vida de la página de Cultura Financiera, vuelvan a revisar cada estación y luego trabajen en las siguientes preguntas:

1. ¿Cuáles son los sueños económicos que tenemos en la vida?
Ejemplos:
Una vivienda propia
Un transporte
Un negocio
Vacaciones regulares
Educación de los hijos
Licenciatura
Un plan de retiro o jubilación
Ahora ustedes:

_____

_____

_____

Esas son sus metas. Colóquenlas en algún lugar visible y enfóquense en satisfacerlas sin dejarse distraer por otras cosas que no están en la lista.

2. ¿Dónde se encuentran en El mapa de la vida? ¿En qué «Destino» están?
3. ¿Cuál es el siguiente paso que deberían dar para seguir ordenadamente hacia adelante?

CAPÍTULO 6

LOS ADVERSARIOS MÁS PELIGROSOS

Uno nunca debería entrar en el campo de juego sin conocer a su adversario. Todo buen equipo deportivo tiene su archienemigo: Boca Juniors tiene a River Plate, el Real Madrid tiene al Barcelona, en México el América tiene al Guadalajara... cuando uno entra en la cancha, debe tener un «Doctorado Honorario» en el conocimiento del contrincante.

Sin embargo, cuando salimos al juego financiero de la vida, no tenemos la menor idea de quiénes son nuestros contrincantes, ¡y por eso nos llenan de goles!

Habrás notado que no los llamé enemigos, sino contrincantes. Hay una gran diferencia entre unos y otros. Los contrincantes financieros no desean nuestra destrucción total, no tienen la intención de «matarnos financieramente» (¡aunque a veces lo hacen!). En realidad, cada uno está realizando su trabajo lo mejor que puede y, muchas veces, ni se dan cuenta del daño que producen en la vida de las parejas y familias del país.

Nuestra meta no debería ser su eliminación. Nuestro trabajo es saber cómo debemos jugar el juego económico para no terminar derrotados.

Aquí hay una lista de aquellos que yo creo son los adversarios más peligrosos que deberemos confrontar. No están en orden de importancia, sino en el orden que vienen a mi mente:

1. Los medios y la propaganda
2. La leyes inexistentes
3. Las deudas
4. Las tendencias de carácter
5. Las crisis de la vida

1. LOS MEDIOS Y LA PROPAGANDA

Las empresas que venden gaseosas, ropa, comida, automóviles, etc., también hacen «educación al consumidor». El problema es que la hacen mal.

La propaganda tratará de crearte necesidades que no tienes, decirte que lo que tienes ya no sirve y que tu identidad está dada por la ropa que vistes, el auto que manejas y la casa donde vives. Te dirá que diversión es felicidad.

Te enseñará que las cosas, las bebidas, la pasta dental, los viajes, etc. pueden llenar el vacío que sientes en el corazón y te pueden proveer seguridad en ti mismo. Te dirán que si te compras un determinado producto o desodorante, la gente te aceptará y serás irresistible a las personas del sexo opuesto.

Cuando uno lo analiza, piensa: *¡qué ridículo!* Pero no piensas de esa manera cuando lo ves por la televisión o las redes sociales. En ese momento, simplemente lo absorbes.

Recuerdo haber visto en el año 2017 un comercial de televisión de una de las marcas de gaseosas más conocidas del mundo. Abrazaba un movimiento popular de manifestaciones y marchas en Estados Unidos. La protagonista principal era una bella actriz norteamericana que compartía una gaseosa con un policía para promover la «paz» en medio de la tensión.

Al final del comercial, aparecía la marca de esta bebida seguida inmediatamente por un subtítulo que decía: «LIVE FOR NOW» (vive el momento, o vive el ahora).

Al mirar el comercial por primera vez, esbocé una sonrisa, pues me di cuenta de que los productores de bebidas gaseosas no solo venden refrescos. También venden paradigmas.

Si tú compras este paradigma de vivir *for now,* eso te va a llevar a dificultades para poder tener suficientes recursos *later* (después). El mundo en el que vivimos no nos enseña a vivir con una perspectiva multigeneracional, y eso está llevando a cientos de miles de parejas y familias a descapitalizarse y, luego, a vivir miserablemente en sus días de vejez.

«Vive el momento» puede ser un bello mensaje para aquellos que viven en Estados Unidos, Europa o países desarrollados, donde los sistemas de previsión social de alguna manera todavía funcionan. Pero ese paradigma es una píldora de cianuro para todos aquellos que viven en países en desarrollo, donde los sistemas de cuidado del adulto mayor son un desastre.

Hay que tener cuidado con las ideas. Tienen consecuencias.

2. LAS LEYES INEXISTENTES

De esto hablamos antes, pero es importante remarcarlo aquí porque debemos tener en cuenta que, desde finales de los años 90, las leyes de nuestros países han ido cambiando, y en algunos casos han cambiado dramáticamente.

En el proceso de «apertura» de la economía de nuestros países, hemos dejado a los ciudadanos desprotegidos, abandonados en las manos de lobos rapaces que están haciendo dinero a diestra y siniestra con programas de financiación que son legales, pero absolutamente inmorales.

Los productos financieros que salen al mercado son sofisticados, y el pueblo no los entiende porque no se hace un programa continuo de educación financiera. No hay nada más peligroso para los lobos financieros que un consumidor sólidamente educado.

A veces, no es que tengamos malas leyes o no las tengamos. Al contrario: tenemos buenas leyes, pero el gobierno no posee los recursos (o el deseo) para hacer que esas leyes se cumplan. Aun en los países donde hay departamentos del gobierno para la defensa del consumidor, los abusos son increíbles y extensos. La gente más pobre es, normalmente, la más afectada.

Si queremos evitar la descapitalización de nuestro pueblo, debemos buscar gente de buen corazón en los gobiernos de nuestros países, en todas las esferas, y ayudarlos a implementar buenas leyes, regulaciones, ideas y la enseñanza de paradigmas culturales que ayuden a la prosperidad de nuestras familias.

Yo no estoy de acuerdo con tener demasiadas regulaciones en la economía de un país. Pero tampoco estoy de acuerdo con dejar que los lobos estén a cargo de cuidar el gallinero.

3. LAS DEUDAS

También ya explicamos la importancia de amar la libertad. Las deudas nos desangran económicamente, pero lo hacen poco a poco. Erosionan la vida financiera de la familia, aunque nosotros no nos damos cuenta.

Cada vez que veo las fotos del Gran Cañón del Río Colorado, en Arizona, Estados Unidos, me sorprende su increíble belleza. El cañón tiene, como promedio, unos quince kilómetros de ancho y más de un kilómetro y medio de profundidad. Todo eso, producto de la erosión que provoca el Río Colorado cuando pasa a través de la meseta del mismo nombre.

Así como un río puede provocar un agujero de un kilómetro y medio de profundidad a través del tiempo, de la misma manera los intereses pagados provocan un profundo agujero en la vida económica de la familia, llevándose los recursos que tanto trabajo nos cuesta generar a las manos de otras personas.

Por ejemplo: si ustedes, como pareja, tienen una deuda equivalente a 5.000 dólares en una tarjeta de crédito que les cobra el 18% de interés anual y hacen el pago mínimo de 200 dólares cada mes, entonces tardarán once años y un mes en pagar esa deuda y, al final, habrán pagado un poco más de 7.870 dólares (2.870 dólares de interés).

Si hubieran tomado esos 200 dólares mensuales y los hubiesen invertido al 18% anual (en vez de pagar el 18% anual), en once años habrían tenido en el banco ¡**entre 70.000 y 80.000 dólares!** (dependiendo de la herramienta que usen para el cálculo).

Ese es el costo real de las deudas. Las mismas no solo nos producen un desangre económico, sino también crean una real pérdida de oportunidades para enriquecer a la familia.

Piénsenlo.

4. LAS TENDENCIAS DE CARÁCTER

La falta de humildad, el empecinamiento, la impaciencia, la ausencia de integridad, el egocentrismo, el amor al dinero, la falta de una sólida identidad, el desorden y cosas por el estilo tienden a hundir nuestro barco financiero.

Por eso es tan importante abrazar los nuevos paradigmas que les estoy compartiendo en este libro, los valores fundamentales que vimos anteriormente y los famosos Principios P.

Esas ideas, principios y valores nos llevarán a hacer las cosas correctas en nuestra vida económica. No importa el lugar donde vivamos, el idioma que hablemos o el año en el que estemos leyendo estas palabras. No importa el lugar ni el tiempo.

La manera en que aplicamos estas ideas cambiará de acuerdo con la situación en que nos encontremos y la economía del lugar donde vivamos. Las ideas, los conceptos, los valores y los principios son eternos.

Hablen entre ustedes con honestidad. Vean cuáles son las áreas fuertes y débiles de su carácter y perfil de personalidad. Lean juntos el Apéndice que este libro tiene al final y tomen decisiones que los lleven, poco a poco, en una dirección diferente.

Tengo un amigo que se llama Jerry Foster. Es un empresario exitoso en Estados Unidos y ha viajado en más de una ocasión conmigo para dar conferencias. Hay un concepto que le escuché mencionar a Jerry hace años y que tuvo un profundo impacto en mi vida: el concepto de los «cambios vectoriales».

A Jerry le gusta viajar en avión, por eso se compró uno. Además de viajar en ellos, también le gusta pilotearlos, así que sacó su licencia de piloto y vuela su propio avión.

Él explicaba en una de sus conferencias que cuando un piloto está listo para salir hacia su destino, la torre de control del aeropuerto le provee un ángulo, un «vector», en el cual debe viajar. Por ejemplo: si quiere viajar de Miami a Bogotá, tendrá un vector, un ángulo que deberá seguir. Si va de Los Ángeles a Ciudad de México, será otro.

Mi amigo Jerry decía que si en el punto en que comienza su travesía el piloto comete un error de **un grado solamente**, cuando haya viajado la cantidad de kilómetros que debe recorrer para llegar a su destino ya no estará en el punto deseado de llegada, sino que podrá estar a cientos de kilómetros de distancia.

Un pequeño cambio vectorial al comienzo hace una gran diferencia al final de la travesía. Eso es lo que él recomienda que hagamos con respecto a los cambios en la vida: cambios vectoriales.

Mi experiencia asesorando empresarios en el mundo de los negocios me ha enseñado que los grandes y súbitos cambios raramente se quedan en la vida de la gente y las empresas. Son los pequeños cambios que hacemos constantemente a través del tiempo los que nos llevan por un camino distinto y vienen a nuestra vida para quedarse.

Si uno realiza un cambio del 1% cada semana, al final del año estará un 50% mejor, ¡y ni siquiera lo habrá notado!

Por eso diseñamos El mapa de la vida, porque nos lleva a tener metas pequeñas e incrementales a lo largo de toda la vida en vez de demandar cambios radicales de la noche a la mañana.

Identifiquen las áreas en las que deben implementar cambios. Luego, apliquen esos cambios poco a poco a través del tiempo.

5. LAS CRISIS DE LA VIDA

El asunto no es *si* vamos a tener crisis, sino *cuándo* llegarán. Todos pasamos por tiempos de dificultad, ¡y algunos más seguido que otros!

Si tenemos conciencia de que las crisis son parte de la vida, entonces no nos vamos a frustrar tanto cuando lleguen. Reduciremos las expectativas. Aceptaremos las crisis como parte del **ciclo de la vida**. A veces hay tiempos de expansión, otras veces tiempos de contracción. A veces ganamos buen dinero, otras veces apenas sobrevivimos un día a la vez.

Eso me hace recordar un libro de la literatura sapiensal judía y cristiana que se llama Eclesiastés (no confundir con el libro *Eclesiástico*). En ese libro sapiensal hay un poema que, justamente, habla del concepto del ciclo de la vida.

En este mundo todo tiene su hora; hay un momento para todo cuanto ocurre:

Un momento para nacer
y un momento para morir.
Un momento para plantar,
y un momento para arrancar lo plantado.

Un momento para matar,
y un momento para curar.
Un momento para destruir,
y un momento para construir.

Un momento para llorar,
y un momento para reír.
Un momento para estar de luto,
y un momento para estar de fiesta.

Un momento para esparcir piedras,
y un momento para recogerlas.
Un momento para abrazarse,
y un momento para separarse.

Un momento para intentar,
y un momento para desistir.
Un momento para guardar,
y un momento para tirar.

Un momento para rasgar,
y un momento para coser.
Un momento para callar,
y un momento para hablar.

Un momento para el amor,
y un momento para el odio.
Un momento para la guerra,
y un momento para la paz.[1]

Si entendemos que en la vida hay un momento para todo y que la crisis es parte de esos momentos, entonces en el matrimonio también comenzaremos temprano a prepararnos para esas crisis.

Nos prepararemos emocionalmente desprendiéndonos desde el punto de vista emocional de las cosas y tratándolas como si nosotros fuésemos «gerentes» o «administradores» de un negocio. Así, cuando llegue el tiempo de la prueba, será fácil desprendernos de lo que no es absolutamente necesario.

Nos prepararemos espiritualmente abrazando la humildad y la fe. Así, cuando venga la crisis, no tendremos problemas en disminuir nuestro estatus social y vivir de manera sencilla para defender la felicidad de la familia. Confiaremos, también, en nuestro Creador, sabiendo que Él nos ama y nos ha prometido ser nuestro Proveedor en todo momento, en las buenas y en las malas.

Nos prepararemos económicamente ahorrando con regularidad. De esa manera, cuando lleguen los momentos de dolor financiero, tendremos un Fondo de emergencias que ayudará a que la herida no sea tan profunda y sane rápidamente.

Nos prepararemos relacionalmente comprometiéndonos a luchar juntos para salir de la situación, cueste lo que cueste. No hay nada más poderoso para sobreponernos a las luchas de la vida que un compañero de batalla que nos cuide las espaldas. Dos son mejores que uno, ¿no es cierto?

Aceptemos las crisis de la vida y preparémonos para recibirlas.

TIEMPO CON TU ENTRENADOR

Piensen y contesten las siguientes preguntas:

1. ¿Cuándo fue la última vez que seguimos el consejo de alguna publicidad y cómo nos fue?
2. ¿Cómo se comparan las leyes que protegen a los consumidores en nuestro país y en la Unión Europea (donde hay mayor protección del consumidor)?
3. Cuando analizamos nuestras deudas y el total anual de nuestras entradas de dinero, ¿qué vemos?

Ingresos del cónyuge 1: _____

Ingresos del cónyuge 2: _____

Otros ingresos: _____

Total de ingresos mensuales: _____

Multiplica eso por 12. ¿Cuál es la cantidad de ingresos famliares anuales?: _____

Hagan una lista del total de todo lo que deben:

Hipoteca: _____

Auto: _____

Estudios: _____

Tarjetas: _____

Préstamos: _____

_____

Total de deudas: _____

Comparemos:

Cantidad de ingresos anuales: _____

Cantidad de deudas: _____

¿Qué nos dice esa comparación?

4. ¿Hay alguna parte de mi carácter en la que debo trabajar para reducir el riesgo económico de la familia? ¿Qué debería cambiar, tener más o tener menos?

5. Cuando tengamos una crisis, ¿qué es lo primero que decidiremos y qué es lo primero que vamos a vender? ¿Cuáles pueden ser los pasos para reducir nuestros gastos a un nivel de supervivencia?

CAPÍTULO 7

UNA ESTRATEGIA GANADORA

Cuando uno mira un partido de básquetbol, la impresión que tiene es que hay un montón de jugadores en el campo que corren de un lado al otro de la cancha para meter la pelota en el aro del contrincante. Nada más lejos de la verdad. En realidad, estos jugadores están constantemente implementando estrategias defensivas y ofensivas con el fin de ganar el juego. El básquetbol es, sobre todas las cosas, un juego de estrategia.

Cuando jovencito tenía un amigo en Buenos Aires que siempre nos decía: «Lo importante no es ganar, ¡sino hacer perder al otro!». Cada vez que recuerdo esa frase me hace sonreír, aunque, la verdad, no es una muy buena estrategia.

Para poder ganar en cualquier competencia, el equipo debe desarrollar y seguir una muy buena estrategia de juego. Igual ocurre en el mundo del dinero. Debes tener una lista de cosas que sabes que vas a hacer y cómo las vas a hacer. Debes tener una «filosofía de juego».

En las próximas páginas voy a resumir ocho recomendaciones que vimos a lo largo de este libro y quisiera que fueran lo último que comparto con ustedes para que lo recuerden mejor.

Las ocho recomendaciones son:

1. Piensen a mediano y largo plazo
2. Ahorren ahora y disfruten después
3. Vivan ordenadamente
4. Eviten pagar intereses
5. Aseguren lo necesario
6. Amen la libertad
7. Desarrollen un corazón compasivo
8. Miren hacia arriba

1. PIENSEN A MEDIANO Y LARGO PLAZO

Cuando llegan los juegos olímpicos, me gusta sentarme y mirar las diferentes competencias en las que los competidores deben correr una carrera, ya sea de cien metros llanos, de postas, la de obstáculos o la de cinco kilómetros. Me hacen recordar la carrera de la vida: hay veces en que debemos correr como locos por unos pocos segundos y otras en las que debemos hacerlo moderadamente a lo largo del tiempo.

La carrera del dinero es una de esas. Cuando corremos la carrera económica de la familia o el negocio, mucha gente se lanza a hacerla como si estuviera en una competencia olímpica de cien metros llanos. Sin embargo, la carrera del dinero es una de cinco kilómetros, ¡con obstáculos!

Cuando aplicas a una carrera de cinco kilómetros la estrategia de una de cien metros llanos, invariablemente te quedas en el camino. «Compra ahora y paga después», por ejemplo, es correr cien metros llanos. «Ahorra ahora y compra después» es correr cinco kilómetros.

Endeudarme para comenzar un negocio puede ser vivir a corto plazo. Juntar el dinero, usar ahorros, vender cosas o conseguir un socio toma más tiempo, pero está mejor alineado con una estrategia a mediano plazo.

Aplicar El mapa de la vida de Cultura Financiera es una estrategia a largo plazo. Les va a llevar a menos estrés, más ahorros, menos deudas y mayores oportunidades para la acumulación de recursos (lo que está directamente asociado con la creación de riqueza).

Hagan la carrera de la vida como una carrera en la que no solamente deben pensar a largo plazo, sino también en la que deben pensar en la vida de sus hijos y de los hijos de sus hijos.

2. AHORREN AHORA Y DISFRUTEN DESPUÉS

La implementación de la gratificación diferida (*delayed gratification,* en inglés) es parte de una probada estrategia ganadora. Vivir moderadamente, ahorrar con regularidad y estar dispuestos al sacrificio personal ahora para estar mejor mañana es una muestra externa de un sano nivel de madurez interno.

Debemos priorizar la compra de cosas que realmente necesitamos y usar el dinero que ya tenemos.

Recuerda que «doce meses sin intereses» no significa que estés pagando igual que si compraras la misma cosa al contado. Claro que hay excepciones a la regla, ¡por supuesto! Pero, en general, los negocios no venden a pérdida. La verdad es que la ganancia ya está incluida en el precio final y, si tienes el dinero en efectivo, siempre puedes negociar un «descuento» en algún negocio que no haga dinero con la financiación.

Vivir la gratificación diferida también significa sacrificarnos nosotros mismos para que nuestros hijos estén mejor. Dejar de invertir en lo que nosotros deseamos para invertir en lo que ellos necesitarán con el fin de que les vaya bien y tengan bienestar.

Ahorrar primero y pagar después también nos lleva a tener paz en el corazón. Vivimos tranquilos porque no le debemos un peso a nadie, y eso nos da flexibilidad. Nos permite ajustar rápidamente nuestro estilo de vida en caso de una crisis.

Como pareja, hagan de ahorrar primero y disfrutar después una estrategia de vida. Créanme, los va a llevar por el buen camino.

3. VIVAN ORDENADAMENTE

De todo corazón quisiera animarles a que ni bien terminen de leer este libro implementen un Plan de control de gastos. Si quieren tomar un curso específicamente diseñado para aprender a hacerlo, pueden buscarlo en nuestra página de *www.culturafinanciera. org*. Allí también encontrarán una riqueza de materiales que se ofrecen totalmente gratis.

Busquen en ese sitio aquellos blogs, pódcast, videos y formularios que les ayuden a clarificar dudas e implementar el plan. Lo dijimos antes: el orden es la piedra angular del éxito económico. Traer orden al caos fue el primer acto del Creador en este mundo: hagamos Su obra en nuestra familia y nuestras finanzas; traigamos orden al caos.

Deben tener orden en la selección de las cosas que se deben comprar, en la forma en que se compran esas cosas y en la manera en que se les hace el mantenimiento para evitar deterioros tempranos.

Deben implementar el orden en la manera en la que se administra el dinero en la casa y se asignan los pagos a los compromisos adquiridos.

Deben establecer un orden en la forma en que planean para el futuro. Tener planes a mediano y largo plazo. Diseñar una estrategia sobre cómo pasar exitosamente la herencia a la siguiente generación. Enseñarles a sus hijos e hijas a vivir ordenadamente.

4. EVITEN PAGAR INTERESES

Si viven ordenadamente, si planean sus gastos, si ahorran ahora y pagan después, nunca o *casi* nunca tendrán que pagar intereses. Estos los van a desangrar económicamente. Y no solo eso, también les harán perder oportunidades muy importantes de hacer crecer sus recursos económicos.

Yo sé que, quizás, en el país donde viven ustedes los intereses están bajísimos. Por ejemplo, comenzando alrededor del 2008, los intereses de la Reserva Federal de Estados Unidos se colocaron por debajo del 5% anual y continuaron por los próximos diez o quince años para llegar a estar ridículamente bajos. En Europa, la tasa de su «banco central», incluso, ¡llegó a números negativos!

Pero esa no es la experiencia que tenemos en la mayoría de los países en desarrollo. Nuestra experiencia es muy diferente, con intereses abusivos y tasas exhorbitantes.

Por eso no deberían seguir los consejos de aquellos «gurús financieros» que han escrito *best sellers* en Estados Unidos o Europa, los cuales les aconsejan trabajar con el dinero de otros. Eso lo llaman en inglés *Other People's Money* (OPM, por sus siglas en inglés), es decir, el dinero de otra gente.

Si quieren que les vaya bien en la vida y los negocios en el continente latinoamericano, no trabajen con *Other People's Money.* Trabajen con su propio dinero. Les va a tomar más tiempo crecer, pero crecerán saludablemente.

Si viven en un país donde las tasas de interés son muy beneficiosas, entonces, yo no tengo nada en contra de la idea de pedir prestado para algo que va a hacer crecer el patrimonio, como una hipoteca o un negocio. Solo asegúrense de no violar el Principio del Compromiso Garantizado ni caer en la Presunción del Futuro. Si lo hacen así, al final, todo andará bien.

Estaba buscando en Internet «tasas de interés que se pagan en México» y encontré que, a fines de enero del 2021, el banco que menos cobraba, ofrecía un crédito personal al 21,7%, casi el 22%. Hallé una que llegaba ¡hasta al 54%! Amo a México con todo el corazón y lo que más me duele de estas tasas de interés es que normalmente los salarios de las familias mexicanas no suben a la misma velocidad que los intereses que les cobran.

Piensa, ¿cuánto cobran de interés, como promedio, las tarjetas de crédito en tu país? ¿Te suben el salario esa cantidad cada año?

Por esa razón es que no prosperas: las deudas crecen más rápido que tu salario.

Por tal motivo les recomiendo que nunca paguen intereses en su país. Se van a desangrar financieramente. Es como una hemorragia interna: no se ve en la superficie del cuerpo, pero te puede llevar a la muerte si no la detienes.

5. ASEGUREN LO NECESARIO

Consideren seriamente lo que deben asegurar. Ahora que vivo en Estados Unidos me doy cuenta de que los norteamericanos tienen demasiados seguros, y los latinoamericanos ¡somos un desastre!

«Ni muy-muy, ni tan-tan», decían las vecinas de mi barrio en las afueras de Buenos Aires. Es un buen consejo. Deberíamos analizar seriamente nuestra vida y contar con la cantidad suficiente de seguros para no ser irresponsables, pero no tantos que parezca que tenemos algún problema emocional.

En la tabla 7.1 les ofrezco una lista de seguros; ustedes elijan cuáles deberían tener. Los primeros cuatro son los más típicos para una familia con niños pequeños.

Tabla 7.1

TIPO DE SEGURO	SÍ	NO
Seguro de vida		
Seguro para el auto		
Seguro para la casa		
Seguro de salud		
Seguro para nuestras posesiones dentro de una casa rentada		
Seguro de invalidez		
Seguro de cuidado a largo plazo (años dorados)		
Seguro de robo de la identidad		
Seguro para mascotas		

Ya sé, algunos de estos seguros son un tanto inusuales y nosotros jamás pensaríamos en pagar dinero por ellos. Pero las circunstancias son muy diferentes de país en país y, como este libro llegará a gente que vive alrededor del mundo (y no solo en el país donde residen ustedes), decidí incluir algunos tipos de seguros que no son normales en Latinoamérica.

Una palabra para mis amigos religiosos: tener un seguro no significa que no confiemos en Dios. Al contrario. Significa que lo amamos y que queremos ser buenos administradores de lo que Él nos ha provisto. El seguro es una forma de ahorro comunitario en el que todos ahorramos a la vez y, cuando uno de nosotros tiene un problema, el dinero que hemos ahorrado entre todos se usa para ayudarlo a salir adelante.

José se aseguró de ahorrar durante los años de «vacas gordas» para cuando llegaran las «vacas flacas» (los que van a la iglesia o a la sinagoga me entienden). El concepto del seguro es igual: ahorramos durante el tiempo en que estamos bien para ayudarnos unos a otros cuando estemos mal.

Los apóstoles hacían lo mismo en el primer siglo: cuando los creyentes de Jerusalén tenían recursos, los invertían en la vida de los extranjeros, los pobres y necesitados. Cuando ellos tuvieron necesidad, los que vivían en el extranjero levantaron fondos para ayudarlos.

Perdón por la aclaración, pero me he encontrado con gente muy buena y creyente, especialmente en el sudeste asiático, que tienen dificultad en aceptar el concepto del ahorro y el seguro porque creen que están siendo infieles a Dios. En realidad, el asunto es justamente lo opuesto: Dios espera que guardemos para el invierno durante el verano de la vida y nos dice que «el prudente ve el peligro y lo evita; el imprudente sigue adelante y sufre el daño».[1]

Seamos prudentes y aseguremos lo que necesitemos asegurar: ni poco, ni demasiado.

6. AMEN LA LIBERTAD

El concepto de evitar pagar intereses va de la mano con una idea mucho más profunda en nuestras vidas: amar la libertad.

¿Te acuerdas de que tus abuelitos le huían a las deudas como a la plaga? La razón es que ellos sabían que el deudor es esclavo del acreedor y por eso no querían ser esclavos de nadie.

A nosotros, sin embargo, desde pequeños nos han enseñado que la «esclavitud financiera» es buena. Nos dijeron que es deseable tener crédito (como llaman en Estados Unidos a la capacidad de la gente de pedir prestado), y nos dicen que para tener un buen puntaje de crédito debemos tener deudas.

Nada más lejos de la realidad. La verdad es que simplemente debemos demostrar que podemos asumir compromisos –que somos confiables– y podemos pagarlos a tiempo. Pero no es necesario vivir endeudados para tener un buen puntaje. Si no tienes ninguna línea de crédito, eso afectará tu puntaje, pero si tienes muchos o no pagas a tiempo, eso también te jugará en contra.

Por ejemplo, la puntuación FICO®, que es probablemente la más popular en Estados Unidos, considera no solo si tienes nuevos créditos (el 10% de la puntuación), sino también, y más importante, el historial de pagos (el 35%). Además, mira al balance entre cuál es la máxima cantidad de crédito disponible y cuánto todavía debes (eso es el 30% de la puntuación). Finalmente, el puntaje considera cuántos años has tenido crédito disponible (el 15%) y cuál es la combinación de créditos que tienes (10%).[2]

Lo mejor es tener un par de tarjetas, pagarlas al final de cada mes y, con el tiempo, pedir el incremento del crédito disponible, no para usarlo, sino para que se vea mejor en el puntaje FICO®. Además, si pagas tu hipoteca a tiempo o la prepagas, eso ayudará mucho. Si rentas, el dueño de la casa puede escribir una nota al buró de crédito diciendo que has rentado por una cierta cantidad de tiempo y has pagado siempre puntual. Eso ayudará con el historial de pagos.

No necesitas endeudarte para tener un buen puntaje de crédito y, además, si nunca vas a comprar cosas a crédito, ¿para qué necesitas un buen puntaje? Siempre es mucho mejor no ser esclavo de ningún acreedor. Ama la libertad.

Ya hablamos del amor a la libertad cuando analizamos el concepto de tener «la vestimenta apropiada». La libertad, dijimos allí, debe ser uno de los valores que la pareja abrace.

Hemos sido creados libres y nuestro corazón ansía vivir en libertad. Nunca me sentí tan mal como cuando me tenía que quedar «preso» en el cuartel donde hice mi servicio militar en las afueras de Buenos Aires. A veces, no nos portabamos muy bien y, como castigo, no nos dejaban ir a casa el fin de semana. ¡Cómo sufríamos!

¡Cuántas veces, de adolescentes, cantábamos las canciones de libertad en los recreos de la escuela, ansiando el día en que terminara la dictadura en nuestro país!

Hay algo allí, en lo profundo del alma, que tiene sed de ser libre. Recuerdo aquel poema de Pablo Neruda que dice:

«Para mi corazón basta tu pecho,
para tu libertad bastan mis alas...».[3]

Llevamos el deseo de libertad en el pecho.

También, según nos cuenta San Juan en su Evangelio, Jesús de Nazaret decía: «Si el Hijo los hace libres, ustedes serán verdaderamente libres».[4] ¡Cuántos millones de personas abrazaron el cristianismo a lo largo de los últimos dos mil años por querer recibir esa libertad profunda en el corazón!

Yo creo que Diosito nos quiere libres: libres de las deudas y libres de las cosas.

Y esa última idea es importante: no solamente es vital no deberle un peso a nadie, también es importante no ser esclavos de nuestros «juguetes». Algunos no debemos dinero, pero adoramos a nuestros juguetes: el auto, la casa, el teléfono celular, nuestras carreras laborales, nuestros sueños, la ropa, el negocio...

No es suficiente no tener deudas, también debemos dejar de tener ídolos en la vida.

Con todo amor, les animo a que obedezcan el Principio de la Renuncia: hay que cortar el cordón umbilical emocional con las cosas. Cuando tengan cosas, ¡difrútenlas!; cuando no las tengan, ¡no las extrañen!

Vivan libres. No hay mejor sueño que el que experimentamos cuando nos vamos a la cama con paz en el corazón. Amen la libertad. Defiendan su libertad. Estén dispuestos a otros sacrificios, como sacrificar tiempo, deseos, caprichos, sueños, con tal de vivir libres. Si me hacen caso me lo van a agradecer.

7. DESARROLLEN UN CORAZÓN COMPASIVO

La generosidad es una expresión externa de una condición espiritual interna. La avaricia no le hace bien al alma. En realidad, nos hace vivir amargados y preocupados por lo poco o lo mucho que tenemos.

Cuando vivimos aferrados a lo que tenemos, lo perdemos. Cuando con las manos abiertas compartimos con el necesitado, llenamos de gozo nuestro corazón. Mi esposa y yo descubrimos allá por los años 90 que dar es siempre mejor que recibir.

Leí en Internet una interesante historia que escribieran Chuck Swindoll y Lee Hough, la cual me gustaría compartir aquí antes de terminar con el tema:

Poco después de que la Segunda Guerra Mundial llegara a su fin, Europa comenzó el penoso proceso de reconstrucción. Gran parte del Viejo Continente había sido devastado por la guerra y estaba en ruinas. Tal vez el espectáculo más triste de todos era el de los pequeños niños huérfanos que se morían de hambre en las calles de aquellas ciudades destrozadas por la guerra.

Una fría mañana, un soldado estadounidense regresaba a su cuartel en Londres cuando, al doblar una esquina con su *jeep*, vio a un chiquillo con la nariz pegada a la vidriera de una pastelería. Adentro, el cocinero estaba amasando la masa para una nueva tanda de rosquillas. El niño hambriento miraba en silencio, observando cada movimiento.

El soldado acercó su *jeep* a la acera, lo detuvo, se bajó y caminó en silencio hacia donde estaba el pequeño. A través de la ventanilla humeante uno podía ver los apetitosos bocados mientras los sacaban del horno, bien calientes.

El niño salivó y soltó un leve gemido al ver cómo la cocinera los colocaba con mucho cuidado dentro de un mostrador de vidrio. El corazón del soldado se derritió mirando a este huérfano sin nombre empañar con sus suspiros la vidriera de la panadería.

«Hijo... ¿te gustaría algunos de esos?», le dijo el soldado. El niño, lleno de gozo, lo miró y le dijo: «¡Claro!... ¡por supuesto que me gustaría!».

El joven soldado entró a la panadería y compró una docena de rosquillas y bolillos. Los metió en una bolsa y regresó hasta donde estaba el muchacho esperando en el frío brumoso de esa mañana londinense.

Sonrió, le tendió la bolsa y le dijo simplemente: «Aquí tienes». Cuando se dio la vuelta para marcharse, sintió un tirón en su abrigo. Miró hacia atrás y oyó al niño preguntar en voz baja: «Señor... ¿usted es Dios?[5]

Cuando somos sensitivos a la necesidad de los demás podemos ser «Dios» para ellos; podemos ser usados por nuestro Creador para contestar la oración de angustia y necesidad de un pequeño niño de la calle o de una madre sin esposo que está pasando por un momento muy difícil en la vida.

Aprendamos a compartir con los demás de lo que hemos recibido. Si hemos recibido poco, no necesitamos compartir dinero o bienes materiales. Podemos compartir tiempo, amistad, una comida, una oración o un cafecito mientras escuchamos a un amigo hasta altas horas de la noche.

Si hemos recibido más (nunca he encontrado a nadie que me haya dicho que ha recibido «mucho»), entonces también nuestra responsabilidad hacia los demás es mayor. Jesús de Nazaret una vez dijo: «A quien mucho se le da, también se le pedirá mucho; a quien mucho se le confía, se le exigirá mucho más».[6]

Tengamos compasión por los demás. Compasión no es lástima. La lástima me pone sobre mi prójimo. La compasión me coloca a su lado. Compasión es una palabra compuesta: «con-pasión»; significa «teniendo la misma *pasión* con». Dicho de otra manera: poniéndome en los zapatos de mi prójimo para reír con los que ríen y llorar con los que lloran.

A veces hay tanto dolor y miseria a nuestro alrededor que ya caminamos por la calle sin ver el dolor ajeno. Las personas en necesidad son «invisibles» a nuestros ojos. Las miramos pero no las vemos, y muchas veces no las queremos ver porque nos causarían dolor.

Aprendamos a descubrir a Jesús detrás de una persona que tiene hambre y a la que podamos darle algo de comer, que tiene sed y podamos darle algo de beber, que está sin ropa y podamos vestirla, que está en la cárcel o en el hospital y podamos visitarla tomándonos un día de vacaciones en nuestro trabajo. Eso hace una gran diferencia en esta vida y también en el más allá.

8. MIREN HACIA ARRIBA

Por último, uno no debería tratar de ir por la vida caminando solo. Es mucho mejor ir acompañado de Aquel que nos formó en el vientre de nuestra madre y nos conoce como nadie en este mundo. Aquel que puede hacer que existan las cosas que no son y Aquel que nos puede abrir puertas cuando no vemos ninguna.

Con humildad en el corazón, uno debería mirar hacia lo Alto en las buenas y en las malas. En los tiempos en que las cosas andan bien, pedir a Dios dirección y orientación para hacer lo correcto y tomar las decisiones acertadas. Eso se puede hacer estudiando el Manual Operativo que nos dejó nuestro Creador: la Biblia.

Con un corazón sencillo, en los momentos desafiantes de la vida, uno debería mirar hacia arriba y pedir ayuda para que lo imposible se haga posible, para encontrar el camino que no vemos y se abran puertas que no existen.

Yo he creído de esa manera desde pequeño y, la verdad, ha hecho una gran diferencia en mi vida. Al final de mi primer libro, *¿Cómo llego a fin de mes?*,[7] les dejé una nota a mis lectores y, veinte años después, quisiera compartirla contigo y tu pareja, porque es tan relevante el día de hoy como lo fue en el año 2000:

En la medida que concluyo este libro sobre prosperidad integral, me gustaría compartir contigo una convicción personal: mi creencia en la Fuente de los Principios y Valores sobre los que hemos hablado en el tiempo que pasamos juntos.

Creo que existe un Creador, Dios y Padre de todos nosotros, quien es la fuente de donde emanan todos y cada uno de los Principios de la Prosperidad. Él los creó y los estableció en la naturaleza. También de Él surgen y son posibles los valores personales que hemos compartido, son *frutos del Espíritu*.

Pienso, también, que cada uno de nosotros tenemos una carrera que Dios nos ha puesto por delante. Él tiene un plan para cada uno de nosotros; y, en la medida en la que corremos efectivamente esa carrera, que cumplimos con ese plan, nos sentimos más o menos satisfechos en la vida.

Creo que hay partes de nuestro ser que no se pueden cambiar simplemente con tratar de «hacer» las cosas diferentes. Uno, simplemente, tiene que «ser» diferente; y para ser diferente, uno necesita «conectarse» y pedir ayuda de lo Alto...

A Pierre Teilhard de Chardin se le atribuyen estas palabras: «Nosotros no somos seres humanos que tienen una experiencia espiritual. Somos seres espirituales que tienen una experiencia humana».[8]

Cuando hablo del manejo apropiado del dinero en la vida, yo creo que debemos cuidar de las dos experiencias: tanto la humana como la espiritual.

Miren hacia arriba con regularidad. Tener a Jesús como el tercer miembro del equipo de la pareja nos ha ayudado a nosotros infinitamente. No somos perfectos, ¡especialmente yo! Cometemos errores, erramos el blanco. Pero cuando Dios está de por medio, los problemas más grandes siempre se pueden solucionar.

Por eso mi recomendación de mirar hacia lo Alto. En medio de las tormentas que han de venir por delante, siempre es mejor tener al Creador del universo como Conductor de nuestra barca.

TIEMPO CON TU ENTRENADOR

Para pensar juntos:

1. Si miramos la lista de nuestros sueños, ¿qué es lo que hemos cumplido y qué nos falta por cumplir?
2. ¿Será que alguno de nosotros tenemos la tendencia a tomar decisiones económicas rápidas, sin calcular bien los costos de la decisión?
3. ¿Cómo podríamos reducir los intereses de las deudas que hemos contraído?
4. ¿Tenemos los seguros apropiados para nuestro estilo de vida? Si un miembro de la pareja posee un negocio, ¿tiene esa persona un seguro de vida lo suficientemente grande como para pagar los compromisos del negocio y dejar algo a la familia?
5. ¿Estamos siendo fieles a la comunidad de fe con nuestros donativos, ofrendas o diezmos?
6. ¿Qué organización o proyecto podríamos apoyar con nuestro tiempo, talento y tesoro? ¿Cómo podemos dejar una huella en el mundo después que nos vayamos de él?
7. ¿Qué papel desempeña Dios en nuestra familia? ¿Deberíamos incluirlo más en nuestras vidas, en nuestra pareja y en la vida de nuestros hijos?

CAPÍTULO 8

TERMINANDO POR EL COMIENZO

En este libro hemos estado hablando de un concepto que, en realidad, nunca hemos explicado: el de la prosperidad integral. Lo he dejado para el final porque es el concepto más importante, y deseo que ustedes, como pareja, finalicen el libro atesorando esas ideas.

UNA DEFINICIÓN IMPORTANTE

Definir qué es el éxito y qué significa ganar es extremadamente importante, porque son conceptos que le van a ofrecer dirección a su vida matrimonial: ustedes quieren ser un **equipo ganador** y por eso compraron este libro ¿no?

Entonces, entender el concepto de la prosperidad integral, o como también lo llamamos en otros lados, la vida abundante o el bienestar, es parte de la «brújula» de la vida: principios eternos que van más allá del tiempo y las culturas para guiarnos a una vida mucho más satisfactoria.

Después de recorrer más de tres millones de kilómetros alrededor del mundo y visitar unos cincuenta países, por fin me he dado cuenta de que la prosperidad, desde el punto de vista económico, debería definirse de una forma más amplia y no solamente de manera económica o financiera. Por eso el uso de la palabra «integral».

Para Prosperar (con «P» mayúscula), uno debe hacerlo en **todas** las áreas de su vida. Debe prosperar en el negocio, en las finanzas, en el trabajo, pero también en su relación de pareja, en su relación con los hijos, en su vida interior y en el legado que va a dejar al mundo cuando haya partido de él.

En nuestras familias deberíamos rechazar las enseñanzas de los «gurús» del dinero y su énfasis en una filosofía materialista de la vida; debemos abrazar una concepción del éxito mucho más plena.

En mis conferencias, la gente se ríe cuando les digo que si alguna vez viviese fuera de Estados Unidos, hay una cosa de la cultura norteamericana que extrañaría con el alma: ¡el pastel de manzanas! (Y no hay nadie que lo haga mejor que mi suegra).

La cosa se pone más divertida cuando les digo que la prosperidad integral es como preparar un buen pastel de manzanas: si bien es cierto que las manzanas son un componente importantísimo para disfrutar del famoso pastel, no son el único ingrediente. A decir verdad, si uno se olvidara de cosas como la harina o el agua, nunca obtendría un pastel al final del proceso.

Entonces, cuando nosotros hablamos de hornear un buen pastel de manzanas, por supuesto que estamos hablando de manzanas, sería imposible tener el pastel sin ellas. Pero las manzanas no son el único ingrediente: el pastel necesita agua, harina, azúcar, canela, sal, etc.

Lo mismo ocurre con el concepto de la prosperidad o la idea de ganar como un equipo en el juego de la vida. El dinero es un ingrediente esencial de la prosperidad, pero no es el único, y así como no se puede hacer un pastel de manzanas solo con manzanas, tampoco se puede tener prosperidad solo con dinero.

Por desgracia, me da la impresión de que cada vez son más los que creen que el concepto de prosperar está directamente relacionado con la cantidad de dinero que uno gana. Actúan como si el dinero y las cosas materiales estuvieran en el corazón de la buena vida.

Desde los profetas de la prosperidad, pasando por los profesores del materialismo hasta los periodistas de noticias internacionales, muchos de los personajes influyentes del mundo de hoy están muy influenciados por una filosofía que nos ha fallado de forma miserable: la filosofía del materialismo.

Es imposible vivir bien o disfrutar del verdadero bienestar si uno abraza el materialismo.

Hay un antiguo proverbio del Medio Oriente que dice: «El que ama el dinero, siempre quiere más; el que ama las riquezas, nunca cree tener bastante».[1] Por supuesto que el bienestar requiere dinero, pero no es el ingrediente esencial para la buena vida.

Eso era verdad hace tres mil años en esa zona del mundo, en una economía agrícola-ganadera, y también es verdad el día de hoy en Miami, Londres, Madrid, Asunción del Paraguay o Singapur.

Recuerdo vívidamente el día en que salí a tomarme un café con leche con mi buen amigo Luis. Él era un exitoso empresario norteamericano que tenía una cadena de negocios a lo largo y ancho de Estados Unidos. Manejaba un auto importado de Alemania extremadamente costoso y tenía una mansión frente a un lago, no muy lejos de nuestra casa.

Desayunábamos de vez en cuando y ese día no había sido la excepción. Con gusto nos encontramos en nuestro restaurante favorito para comer un desayuno americano, tomarnos una tacita de café y conversar sobre cosas de la vida. Esa reunión viene a cuento aquí porque recuerdo que me miró frente a frente y me dijo: «Andrés, yo estaría dispuesto a hacer entrega de toda mi fortuna el día de hoy... si mi esposa volviera a casa mañana».

Luis estaba pasando por un terrible divorcio con su joven esposa, una muy buena amiga de nuestra familia. Ese día, me di cuenta de que hay cosas que el dinero no puede comprar, y el amor de una esposa es una de ellas.

Entonces, prosperidad es algo muy diferente de lo que nos enseñan los **profetas del materialismo**. La prosperidad integral, o el bienestar, como lo llama mi buen amigo boliviano Hoggier Hurtado, es llegar al final de la vida habiendo alcanzado las metas financieras que nos propusimos y, a la vez, pudiéndole decir a nuestra esposa, mirándola a los ojos: «¡Ganamos!».

Una filosofía que nos mata

«¿Qué es la verdad?», preguntó Poncio Pilato minutos antes de entregar a Jesús de Nazaret para que lo crucificaran. Es interesante notar que, a pesar de haber hecho una de las preguntas más profundas de la humanidad, a Pilato no le interesaba escuchar la respuesta. Se dio media vuelta y salió de la habitación antes de que el Maestro de Galilea le pudiera responder.

Creo que al contestar esa pregunta podríamos tener una mejor forma de evaluar la vida que vivimos y no sentirnos tan desdichados como nos quieren hacer sentir con la propaganda de productos el día de hoy.

Yo no estoy tratando de escribir un libro de filosofía, pero es importante, a veces, responder a esta pregunta para poder encarar mejor la vida. A mí me parece que cuando hablamos del tema de lo económico existe un pensamiento, una filosofía que contesta la pregunta: «¿Qué es la verdad?» diciendo: «La verdad es lo que puedo tocar».

Eso significa que en el momento de definir, por ejemplo, la palabra «prosperidad» (o «bendición», en el contexto del mundo religioso), un profeta del materialismo siempre va a aportar una definición en términos **materiales y positivos**.

No quiero que me malinterpretes: yo creo que el éxito puede ser material y positivo, ¡pero hay muchas otras cosas que no se pueden medir con dinero y que forman parte del concepto de prosperidad para nuestras vidas!

El materialista es transaccional y siempre tratará de resolver los problemas del mundo con dinero. Describirá, por ejemplo, a una persona pobre como alguien que vive mal. Para mejorar el estándar de vida de un pobre hay que incrementar sus entradas de dinero. Dirá que «la pobreza trae tristeza y que, para ser más feliz, la gente debe ganar más dinero».

Yo digo: puede que sí, puede que no.

Creo que si el pobre pertenece al grupo de personas más pobres del mundo (lamentablemente, un par de miles de millones viven con menos de dos dólares y medio al día), es probable que un incremento de sus ingresos ayude de manera considerable. Sin embargo, hay muchas maneras de mejorar la vida de la gente sin necesidad de aumentar sus salarios.

Por ejemplo: proveyendo una excelente educación y una magnífica salubridad, ayudando a que cada familia tenga su propia casa y un clima de paz en el país, combatiendo en serio la corrupción de los gobernantes y compartiendo con la población los beneficios de una administración excelente de los recursos del país. Uno puede vivir bien sin tener importantes sumas de dinero en el banco.

Claro, cuando nos comparamos con el estándar de vida que tienen los norteamericanos –la economía más grande en la historia de la humanidad– nos deprimimos. Pero también es parte de aprender a vivir bien y a «ganar» en la vida dejar de compararnos con los demás y ser felices en el lugar donde estamos el día de hoy, vivir en contentamiento.

Imagínate que es el año 2013 y vives en Colombia. Posees una casita y un auto. Tienes lo suficiente para mandar a tus hijos a estudiar y disfrutas de un cuidado sanitario promedio. Por otro lado, tu cuñado vive en Los Ángeles y gana cinco veces más que tú. ¿Quién vive mejor?

Los gurús del materialismo dirán que tu cuñado tiene un «estándar» de vida más alto y apuntarán en seguida a la casa mayor que tiene, a los casi 8.000 dólares que el Condado de Orange gasta por estudiante y al automóvil más nuevo que se compró este año (en realidad, se tuvo que comprar dos para que la pareja pueda ir a trabajar).

Yo, por mi parte, también pondría en la balanza sus largas horas fuera de casa, el trabajo que tuvo que buscar la esposa para hacer frente al altísimo costo de la vivienda y el transporte, el estrés de pagar las cuotas de todos los nuevos «juguetes» que se compró cuando se mudó a California y las serias peleas matrimoniales que tiene con regularidad. Considerando esos aspectos, colocaría un signo de interrogación en esa rápida evaluación del materialista.

Si ganar más dinero implica un mejor estándar de vida, los estadounidenses o los suecos estarían en lo más alto del mundo. Sin embargo, a pesar de que el salario **medio** estadounidense en el 2021 está en unos 4.000 dólares por encima del salario holandés,[2] Holanda es en la actualidad el tercer país (Suiza el primero, Dinamarca el segundo) entre los diez países con el más alto índice de calidad de vida del mundo, ¡mientras que Estados Unidos apenas llega al decimoquinto lugar![3]

Saber cuál es la meta y qué significa ganar es esencial para enfocar tus energías en la dirección correcta.

Una historia desafiante

Hace muchos años, cuando recién comenzaba nuestro trabajo de educación financiera en el mundo de habla hispana, escribí una serie de casos de estudio con el fin de capacitar a líderes del continente para que nos ayudaran en la tarea de educar y aconsejar a nuestra gente de Iberoamérica.

Uno de ellos era el caso de José y Cristina. Me gustaría compartirlo contigo y tu pareja el día de hoy, porque este ejemplo nos muestra con claridad que ganar más dinero y vivir en el país más rico no siempre lleva a una vida mejor.

José y Cristina deciden mudarse con sus tres hijos a Estados Unidos para comenzar una nueva vida. Al llegar, José encuentra un buen trabajo que paga ocho dólares la hora (1.600 dólares al mes). Con esa pequeña fortuna, Cristina cree que las cosas van a andar mucho mejor para su familia de lo que estaban en su país.

Sin embargo, pronto José se da cuenta de que con ocho dólares la hora solo trae 1.200 dólares cada fin de mes a su hogar (porque le descuentan los impuestos). Entonces, descubre que debe tomar de su salario 850 para pagar el alquiler, 230 para pagar el auto y 200 para la luz, el agua y el teléfono. De pronto, se percata de que su salario no le alcanza para comer.

Entonces, Cristina decide salir a trabajar. Cuando averigua cuánto le va a costar el cuidado de sus tres niños pequeños, descubre que le cobran tres dólares la hora por niño.

Multiplicando tres dólares por tres niños, por cien horas de trabajo, esto se traduce en más de 900 dólares al mes, ¡solo en el cuidado de los niños!

Así que José y Cristina deciden trabajar turnos alternos. Él trabaja de día y ella lo hace de noche. Con eso, estabilizan la economía familiar y hasta se pueden comprar algunos «lujos», como un nuevo televisor, un sistema de sonido, un auto, salir de vacaciones y mantener un estándar de vida de clase media.

No obstante, después de varios años en el país, comienzan a hacerse patentes ciertos problemas: hay frialdad en la relación matrimonial, el niño mayor no anda bien en la escuela, los dos menores se enferman con regularidad, las deudas han aumentado y ahora deben 110.000 dólares de su nueva casa, 8.000 dólares de un auto, y 12.000 dólares del otro.

Además, poseen varias tarjetas de crédito que están llegando a su límite por un total de 17.000 dólares, tienen varias deudas con amigos como resultado de algún que otro mal negocio en el que se involucraron buscando hacer dinero rápidamente, y las peleas en el hogar son incesantes. Ya no hay dinero que alcance. Han estado, incluso, hablando de divorcio.[4]

Lo lamentable es que cuanto más tiempo trabajo entre la población latina de Estados Unidos, más me doy cuenta de que este tipo de historias no son la excepción a la regla. Me dicen mis amigos latinoamericanos: «Vinimos a esta tierra buscando el cumplimiento del sueño americano, y ahora ese sueño se nos convirtió en pesadilla».

El materialismo nos dice que si bien el dinero no hace la felicidad, ¡por lo menos ayuda!

Yo no estoy muy convencido de eso. La gente que piensa de esa manera diría, por ejemplo, que una familia que está recibiendo cinco veces más salario en Nueva York que cuando vivía en la República Dominicana debe de estar viviendo mejor. Eso es una mentira. Solo vivimos mejor si sabemos cuáles son los ingredientes de una mejor vida.

La prosperidad −el bienestar o «estar bien»− no necesariamente apunta a un incremento en la cantidad de dinero ni en los bienes acumulados. Vivir de manera abundante implica que aprendamos a disfrutar los momentos en los que vemos a nuestros niños jugar en el patio de la casa; emocionarnos al repetir el Padrenuestro con ellos junto a sus camas y darles el besito de las buenas noches.

También significa preocuparnos por la vida de la gente, ayudar a pintar la casa del necesitado, arreglarle el auto a una madre sin marido y escuchar en silencio hasta cualquier hora de la noche el corazón herido de un amigo.

«Ganar» en el juego de la vida implica extender la mano amiga a los pobres, aprender a restaurar al caído y sanar al herido. Significa, para los hombres, poder mirar a nuestra esposa a los ojos y decirle con sinceridad: «Te amo».

Significa dejar una marca más allá de nuestra propia existencia.

Este concepto de la felicidad y la satisfacción personal poco tiene que ver con las enseñanzas de los comerciales televisivos ni con los evangelistas del materialismo. Poco tiene que ver con lo que se enseña en los círculos influenciados por los medios de comunicación social de la actualidad.

Si en algo estoy de acuerdo es en que el dinero no hace la felicidad y, para ser sincero, no sé cuánto ayuda.

Enfóquense, como pareja, en obtener la prosperidad integral, el bienestar. Vuelvan a leer juntos este libro, por lo menos, una vez al año. Márquenlo. Tomen nota. Escriban en un cuaderno o un papel las decisiones que van tomando y sigan El mapa de la vida.

Sean felices.

Si me hacen caso, no se arrepentirán. Correrán la carrera de la vida con una visión a largo plazo y a través de las generaciones. Y, al final del camino, cuando todo quede hecho y sea tu último día en esta tierra, mirarás a tu cónyuge a los ojos y le dirás: «¡Bien hecho! **Fuimos un equipo ganador**».

NOTAS

UNA CARTA DE AMOR...

1. Jason Crowley, «What Are Common Reasons for Divorce?», *Survive Divorce*, 3 noviembre 2020, https://www.survivedivorce.com/common-reasons-for-divorce.

1. UN EQUIPO DE PRIMERA

1. Atribuido al rey Salomón. Libro de Eclesiastés (en hebreo *Qohéleth*, o Asambleísta), capítulo 4, versos del 9 al 12. Literatura Sapiensal. Siglos V al X A.C. Traducción «Dios Habla Hoy», Nueva York: American Bible Society, 1996.
2. Les Luthiers. Pepper Clemens, Las Obras del Ayer. Canal de YouTube de Les Luthiers, https://youtu.be/Wj_sDcTv_Gw.
3. Academia Nacional de Entrenadores de Fútbol. Canal de YouTube de la ANEF, https://youtu.be/rHcrhGWjFVI.
4. Tim LaHaye, *Temperamentos controlados por el espíritu*, 3ra ed. (Miami: Editorial Unilit, 1986).
5. Antonio Sánchez Martínez es licenciado en Química, graduado de la Universidad de Carabobo, Facultad de Ingeniería, Escuela de Química, República de Venezuela.
6. Andrés Panasiuk, *La mujer que prospera* (Lake Mary, FL: Casa Creación, 2010), pp. 23-28. (Material actualizado por el autor).
7. Rey Salomón. Libro de los Proverbios, capítulo 27, versos 23 y 24. Literatura Sapiensal. Siglo X A.C. Traducción «Nueva Versión Internacional». Santa Biblia, NUEVA VERSIÓN INTERNACIONAL® NVI® © 1999, 2015 por Biblica, Inc.®, Inc.® Usado con permiso de Biblica, Inc.® Reservados todos los derechos en todo el mundo.

2. EL CAMPO DE JUEGO

1. Fondo Monetario Internacional. *Household debts, Loand and Securities,* https://www.imf.org/external/datamapper/HH_LS@GDD/PER/BRA/ARG/CHL/COL/MEX.
2. Rey Salomón. Libro de los Proverbios, capítulo 22, verso 7. Literatura Sapiensal. Siglo X A.C. Traducción «Nueva Versión Internacional». Santa Biblia, NUEVA VERSIÓN INTERNACIONAL® NVI® © 1999, 2015 por Biblica, Inc.®, Inc.® Usado con permiso de Biblica, Inc.® Reservados todos los derechos en todo el mundo.

3. Anne Cowles, «Cox News Service, Georgia's Usury Law Allows 60% Interest», *Chicago Tribune*, Chicago, 4 noviembre 1989, https://www.chicagotribune.com/news/ct-xpm-1989-11-04-8901280696-story.html.

4. Fundación Principios de Vida. PowerPoint® «Educación Financiera para estudiantes de instituciones educativas del Paraguay». Citando a Anahí Vera del diario Última Hora, 27 mayo 2014, https://www.ultimahora.com/mas-del-50-empleados-salud-mec-y-policia-estan-sobreendeudados-n798161.html.

3. IDEAS QUE HACEN LA DIFERENCIA

1. Gabriele Marcotti, «Greatest Managers, No. 8: Lobanovsky», *ESPN*, 7 agosto 2013, https://www.espn.com/soccer/news/story/_/id/1515677/valeri-lobanovsky.

2. Albert Einstein en una entrevista con Michael Amrine, *The New York Times*, 23 junio 1946, sección SM, página 4, https://www.nytimes.com/1946/06/23/archives/the-real-problem-is-in-the-hearts-of-men-professor-einstein-says-a.html.

3. Andrés G. Panasiuk, *¿Cómo llego a fin de mes?* (Nashville, TN: Grupo Nelson, 2000), pp. 23-24. (Historia adaptada y actualizada por el autor).

4. Moisés (atribuido a él), Libro de Génesis, capítulo 1, verso 2. Biblia de Jerusalén. Nueva edición revisada y aumentada. Editorial Desclée De Brouwer, S.A. Henao, 6 - 48009-Bilbao.

5. Rey Salomón. Libro de los Proverbios, capítulo 22, versos 26 y 27. Literatura Sapiensal. Siglo X A.C. Traducción «Dios Habla Hoy». Nueva York: American Bible Society, 1996.

6. Tabla provista por www.carpaymentcalculator.net. Traducida por el autor.

7. San Lucas. Evangelio Según San Lucas, capítulo 12, verso 15. Siglo I D.C. Paráfrasis de la traducción «Dios Habla Hoy». Nueva York: American Bible Society, 1996.

4. LA VESTIMENTA APROPIADA

1. The Centers for Advanced Orthopaedics, *«Proper Footwear to Prevent Sports Injury»*. 1 febrero 2019, https://www.mdbonedocs.com/proper-footwear-to-prevent-sports-injury.

2. Julia Yeo, *«S'pore has 207,000 millionaires in 2019, but over 700,000 have less than S$13,500 to their name»*. Mothership, 5 enero 2020, https://mothership.sg/2020/01/singapore-millionaires.

3. Moisés (según la tradición hebrea). Libro de Génesis (*Bereshit*), capítulo 2, verso 24. Libros de la Ley (*Torá*). Siglo XV A.C. Traducción «Dios Habla Hoy». Nueva York: American Bible Society, 1996.

4. Puedes visitar la página del museo aquí: www.fieldmuseum.org.

NOTAS

5. Para mayor información ve a http://www.mariposasdelmundo.com.
6. Para mayor información ve a http://www.museocostarica.go.cr.
7. Rey Salomón. Libro de los Proverbios, capítulo 11, verso 25. Literatura Sapiensal. Siglo X A.C. Traducción «Dios Habla Hoy». Nueva York: American Bible Society, 1996.
8. Pedro Pablo Sacristán, Cuentos para dormir. El tigre sin color. (Adaptado por el autor), https://cuentosparadormir.com/infantiles/cuento/el-tigre-sin-color. Andrés Panasiuk, *Hijos que prosperan* (Nashville, TN: Grupo Nelson, 2021).
9. Tao Te Ching, capítulo 33, citado en Corey Farr en «A Christian Reads The Tao Te Ching: Chapter 33 -Know Thyself, Grow Thyself». *Spectrum -Community Through Conversation*, 29 junio 2020, https://spectrummagazine.org/arts-essays/2020/christian-reads-tao-te-ching-chapter-33-know-thyself-grow-thyself.
10. The Dhammapada: The Buddha's Path of Wisdom (Translated by Acharya Buddharakkihita), 103. Buddha Dharma Education Association, Inc. (Traducido por el autor).
11. Shimon Bar Yonah (San Pedro). Segunda carta universal, capítulo 1, versos 5-8. Siglo I D.C. Traducción «Dios Habla Hoy». Nueva York: American Bible Society, 1996.
12. Virtue First Foundation. Moderación, https://virtuefirst.info/virtues/moderation.
13. Citas traducidas y adaptadas por el autor. Ideas tomadas de Andrés Panasiuk, *El hombre más rico del mundo* (Nashville: Grupo Nelson, 2018).
14. Rey Salomón. Libro de los Proverbios, capítulo 21, verso 17. Literatura Sapiensal. Siglo X A.C. Traducción «Dios Habla Hoy». Miami: Sociedades Bíblicas Unidas, 1996.
15. Ibíd., capítulo 21, verso 20.
16. Stephen Carter. Stanford University News Service, 14 junio 1994, https://news.stanford.edu/pr/94/940614Arc4207.html.
17. «Integrity», Today in the Word, Moody Bible Institute, 28 marzo 1993, http://www.sermonillustrations.com/a-z/i/integrity.htm.
18. Charles Colson, citado en Klyne Snodgrass, *Between Two Truths - Living with Biblical Tensions* (Zondervan Publishing House, 1990), p. 40 [*Entre dos verdades* (Comunicaciones del Pacto, A.C. 2000)], http://www.sermonillustrations.com/a-z/i/integrity.htm.
19. Rey Salomón. Libro de Proverbios, capítulo 24, versos 15 y 16. Literatura Sapiensal atribuida a Salomón. Siglo X A.C. «Dios Habla Hoy». Miami: Sociedades Bíblicas Unidas, 1996.
20. Andrés Panasiuk, *Cómo vivir bien cuando las cosas van mal* (Miami: Editorial Unilit, 2012), pp. 6-7.
21. Oliver Goldsmith, *The Citizen of the World: or, Letters from a Chinese Philosopher, Residing in London, to His Friends in the East by Lien Chi Altangi* (nombre ficticio de Oliver Goldsmith)]. Ewing, Dublin, Irlanda, 1762. Cartas VII y XXII, https://quoteinvestigator.com/2014/05/27/rising/.

22. Expatistan, https://www.expatistan.com/es/precio/cigarrillos/ciudad-de-guatemala#:~:text=El%20precio%20de%201%20paquete,Ciudad%20de%20Guatemala%20es%20Q32.
23. Tomado de Andrés Panasiuk, *Cómo vivir bien cuando las cosas van mal* (Miami: Editorial Unilit, 2012).

5. UN PLAN PARA LLEGAR A LA META

1. Mark Thatcher, «Lost in the Desert». *The Guardian*, 12 enero 2004, https://www.theguardian.com/sport/2004/jan/13/motorracing.features11.
2. Emma Kerr, «See 10 Years of Average Total Student Loan Debt», *US News & World Report*, 15 septiembre 2020, https://www.usnews.com/education/best-colleges/paying-for-college/articles/see-how-student-loan-borrowing-has-risen-in-10-years.
3. Dicho popular atribuido a Lao Tzu. *Tao Te Ching*, capítulo 64. Siglo VI A.C. Traducción y adaptación del autor.

6. LOS ADVERSARIOS MÁS PELIGROSOS

1. Atribuido al Rey Salomón. Libro de Eclesiastés (Hebreo, *Qohéleth,* o Asambleísta), capítulo 3, versos 1 al 8. Literatura Sapiensal. Siglos V al X A.C. Traducción «Dios Habla Hoy». Nueva York: American Bible Society, 1996.

7. UNA ESTRATEGIA GANADORA

1. Rey Salomón. Libro de los Proverbios, capítulo 22, verso 3. Literatura Sapiensal. Siglo X A.C. Traducción «Dios Habla Hoy». Nueva York: American Bible Society, 1996.
2. What's in my FICO® Score?, My FICO.com, https://www.myfico.com/credit-education/whats-in-your-credit-.score#:~:text=FICO%20Scores%20are%20calculated%20using,and%20credit%20mix%20(10%25).
3. Pablo Neruda, «Veinte poemas de amor y una canción desesperada. Poema 12», *Poemas del alma,* https://www.poemas-del-alma.com/poema-12.htm.
4. San Juan citando a Jesús de Nazaret. Evangelio Según San Juan, capítulo 8, verso 36. Siglo I D.C. Traducción «Dios Habla Hoy». Nueva York: American Bible Society, 1996.
5. Charles Swindoll y Lee Hough, *Improving Your Serve: The Art of Unselfish Living* (Anaheim, California: Insight for Living, 1993), https://www.generouschurch.com/illustrations-on-generosity.

6. San Lucas citando a Jesús de Nazaret. Evangelio según San Lucas, capítulo 12, verso 48. Siglo I D.C. Traducción «Dios Habla Hoy». Nueva York: American Bible Society, 1996.

7. Andrés Panasiuk, *¿Cómo llego a fin de mes?* (Nashville, TN: Grupo Nelson, 2006), p. 173

8. Cita tomada de la American Teilhard Association y atribuida a Pierre Teilhard de Chardin, en Stephen Covey, *Los siete hábitos de la gente altamente efectiva* (Buenos Aires, Paidós Plural, 2003), p. 194.

8. TERMINANDO POR EL COMIENZO

1. Rey Salomón. Libro de Eclesiastés, capítulo 5, verso 10. Literatura Sapiensal atribuida a Salomón. Escrito entre el Siglo X al V A.C. «Dios Habla Hoy». Miami: Sociedades Bíblicas Unidas, 1996.

2. «Median Income by Country 2021», https://worldpopulation review.com/country-rankings/median-income-by-country.

3. «Quality of Life Index by Country 2012», Numbeo, https://www.numbeo.com/quality-of-life/rankings_by_country.jsp.

4. Andrés G. Panasiuk, Caso de Estudio de ficción creado para seminarios y conferencias personales del autor. Incluido, también, en *El hombre más rico del mundo* (Nashville, TN: Editorial Thomas Nelson, 2018), pp. 213-14.

APÉNDICE: DESCRIPCIÓN DETALLADA DE LOS PERFILES DE PERSONALIDADES

1. Antonio Sánchez Martínez. Monografías.com. Citado con el permiso expresado en el mismo sitio, https://www.monografias.com/trabajos14/temperamentos/temperamentos.shtml.

ACERCA DEL AUTOR

El doctor Andrés Panasiuk es uno de los líderes y conferencistas de educación financiera más reconocidos en Estados Unidos y Latinoamérica, además de escritor, maestro y comunicador social. Llega a millones de personas a través de sus libros, programas de radio, redes sociales y conferencias. Sus libros han sido recomendados por importantes figuras del liderazgo latinoamericano y nominados a diferentes premios internacionales. El doctor Panasiuk es el fundador de El Instituto para la Cultura Financiera, una organización educativa, sin fines de lucro, que busca proveer alfabetización financiera a individuos y familias de habla hispana en todo el mundo. Actualmente sirve también como el Secretario General de la Compass Global Alliance, una alianza de organizaciones de educación financiera que opera en más de ochenta países alrededor del mundo.

Andrés cuenta con un diploma en Comunicación Social, una Licenciatura en Comunicación Interpersonal y de Grupo, y dos Doctorados Honorarios: uno en Administración de Empresas recibido en Estados Unidos y otro en Divinidades, en la República de la India.

APÉNDICE

Descripción detallada de los perfiles de personalidades

Como ya lo indiqué, investigando sobre el tema de los perfiles de personalidad, encontré un muy buen material en el sitio *Monografías.com* del licenciado Antonio Sánchez Martínez[1] que tiene una clara explicación de cada uno de los temperamentos y sus fortalezas y debilidades.

Me he tomado la libertad de editar levemente la monografía para hacerla más apetecible. Por ejemplo, he cambiado las formas masculinas por las femeninas en dos de los perfiles para enfatizar que estas personalidades no son solamente para los hombres, sino también se presentan en las mujeres. Sin embargo, hemos mantenido intacto el resto del material. Aquí va la descripción de cada una de las tendencias de personalidad:

Perfil de personalidades
Por el Lic. Antonio Sánchez Martínez
Usado con permiso.

CARACTER COLÉRICO / DIRECTIVO (D)

El perfil en detalle:

La colérica es de temperamento ardiente, ágil, activo, práctico y de voluntad fuerte que se ve a sí misma como autosuficiente y muy independiente. Tiende a ser decidida y llena de opciones, y le resulta fácil tomar decisiones por su cuenta, y por cuenta de otros también. Como veremos en la personalidad del sanguíneo, la colérica también es extrovertida, pero es mucho menos intensa.

La colérica se encuentra a gusto con la actividad. Para ella la vida tiene que ver con el cumplimiento de metas. No necesita que el medio la estimule; antes bien, ella estimula al medio que la rodea con sus ideas, planes, metas y ambiciones inacabables. No se dedica a actividades que no tengan un propósito concreto porque tiene una mentalidad práctica y aguda, capaz de tomar decisiones o de planificar actividades útiles en forma instantánea y acertada. No vacila ante la presión de la opinión ajena, sino que adopta posiciones definidas frente a las cuestiones, y con frecuencia aparece organizando cruzadas contra alguna injusticia social o alguna situación subversiva.

A la colérica no le asustan las adversidades; más aún, estas tienden a alentarla, le dan energía. Su tenaz determinación generalmente le hace tener éxito donde otros fracasan, porque ella sigue empeñada en la tarea cuando otros se desalientan. La colérica es una líder nata, lo que los expertos en administración empresarial llaman una líder natural fuerte.

La naturaleza emocional de la colérica es la parte menos desarrollada de su temperamento. No siente compasión por otros fácilmente, ni lo demuestra ni lo expresa. La gente son un medio para alcanzar sus metas.

Con frecuencia se siente incómoda frente a las lágrimas ajenas, o simplemente le disgustan, y en general es insensible a sus necesidades. Demuestra poco aprecio por la música y el arte. Preferentemente busca los valores utilitarios y productivos de la vida.

La colérica reconoce rápidamente las oportunidades y con igual rapidez descubre la mejor forma de sacarles provecho. Tiene una mente bien organizada, aunque suelen aburrirla los detalles. Como no es muy dada al análisis, sino más bien a una estimación rápida, casi intuitiva, tiende a poner la mira en la meta que quiere alcanzar sin tener en cuenta las posibles trampas y escollos en el camino.

Tiende a ser dominante y autoritaria y usa a la gente sin vacilación a fin de lograr sus fines. A menudo se le considera oportunista.

Toda profesión que requiera liderazgo, motivación y productividad es adecuada para una colérica, siempre que no le exija demasiada atención a los detalles y planificación analítica. Generalmente le gustan las tareas de construcción, porque es una actividad muy productiva y es frecuente que la colérica termine siendo capataz o supervisor.

La colérica es desarrollista por naturaleza; sueña con construcciones y maquinarias abriendo caminos.

La mayoría de las negociantes emprendedoras y financistas son coléricas. Formulan sus ideas y tienen ese espíritu de aventura que las lleva a lanzarse en direcciones nuevas. No se limitan tampoco a sus propias ideas; a veces oyen hablar de alguna idea progresista y la toman como bandera.

Sin embargo, una vez que la colérica ha iniciado un nuevo negocio, probablemente se aburra muy pronto a pesar del éxito. Hay dos razones para ello: (1) cuando el negocio crece bajo su dinámica dirección necesariamente surgen muchas cuestiones de detalle. Pero como las coléricas son malas delegando responsabilidades, terminan haciéndolo todo ellas mismas. (2) Cuando descubre que está tan ocupada que le faltan manos para hacerlo todo, opta por buscar a alguien que le compre el negocio. Es pues común que una colérica inicie entre cuatro y diez negocios en el curso de su vida.

La colérica no es perfeccionista sino productora. Prefiere hacer veinte cosas con un setenta u ochenta por ciento de perfección que hacer unas pocas con un cien por cien.

La colérica tiende a desenvolverse muy bien en el comercio, en la enseñanza de asignaturas prácticas, en la política, en funciones militares, en los deportes. Por otra parte, raramente encontraremos una cirujana, una dentista, una filósofa, una inventora, una matemática o una relojera colérica. En ocasiones es tan optimista que rara vez fracasa, excepto en su propia casa.

DEBILIDADES DEL CARACTER COLÉRICO (D)

El enojo y la hostilidad. La colérica es extremadamente hostil. Algunas aprenden a controlar su ira, pero una erupción de violencia es siempre una posibilidad en ellas. No les lleva mucho tiempo comprobar que los demás generalmente se asustan de sus estallidos de enojo y por lo tanto pueden valerse de su ira como un arma para conseguir lo que quieren, y generalmente lo que quieren es salirse con la suya.

El enojo de las coléricas es enteramente diferente al de los sanguíneos. La explosión de la colérica no es tan fuerte como la del sanguíneo, ya que es menos extrovertida, pero puede ser mucho más peligrosa. La colérica puede herir a los demás con toda intención y gozarse de haberlo hecho. El esposo de una colérica generalmente le tiene miedo, y esta tiende a aterrorizar a los hijos. La colérica da portazos, golpea la mesa con el puño, usa la bocina del automóvil sin discreción.

Cualquier persona o cosa que se le cruce en su camino, que retarde su progreso, o que deje de funcionar en la medida de sus expectativas, no tardará en experimentar la erupción de su cólera. Y, a diferencia del sanguíneo, a la colérica no se le pasa el enojo fácilmente, sino que por el contrario puede arrastrar su encono durante un tiempo increíblemente largo. Tal vez sea esta la razón por la que a los cuarenta años de edad ande con úlceras estomacales.

Cruel, cortante y sarcástica. Nadie pronuncia con su boca comentarios más ácidos que la colérica sarcástica. Siempre preparada con un comentario cortante que es capaz de aniquilar a los que se sienten inseguros y demoler a los menos combativos. Raras veces titubea cuando quiere cantarle las cosas claras a alguien o hacerlo papilla. En consecuencia, va dejando un reguero de casos psíquicos y de personas heridas por donde pasa.

Fría y sin afecto. De todos los temperamentos, el colérico es el que evidencia menos afecto y se neutraliza ante la idea de hacer alguna demostración pública de afecto. Su rigidez emocional rara vez le permite derramar lágrimas.

Insensible y desconsiderada. Similar a su natural falta de amor es la tendencia de la colérica a ser insensible a las necesidades de los demás y desconsiderada acerca de sus sentimientos.

Porfiada y terca. La firmeza y la decisión natural de la colérica es una característica temperamental que puede ayudarla en el curso de su vida, pero también puede convertirla en una mujer porfiada y terca. Como tiene un fuerte sentido intuitivo, generalmente toma resoluciones rápidamente (sin consideración y análisis adecuados), y una vez que ha tomado una decisión es prácticamente imposible que cambie de parecer. La colérica se muestra neutral en muy pocas cosas y terca en todo.

Astuta y dominadora. Una de las características de la colérica es su inclinación a proceder con astucia a fin de lograr lo que quiere. Raras veces acepta un no como respuesta y con frecuencia recurre a cualquier medio necesario para alcanzar su meta. Si tiene que adulterar las cifras y torcer la verdad, raras veces vacila, porque para ella el fin justifica los medios. Cuando necesita un favor, puede transformarse casi en una sanguínea en su capacidad persuasiva, pero en el momento que se le da lo que busca, se olvida de que te conoció.

CARACTER SANGUÍNEO / INFLUYENTE (I)

El perfil en detalle:

El sanguíneo es una persona cálida, vivaz, alegre, amigable. Por naturaleza es receptivo y las impresiones externas se abren camino fácilmente en su corazón, donde prestamente provocan una respuesta atropellada. Para tomar sus decisiones predominan más los sentimientos que los pensamientos reflexivos. Es un super-extrovertido. Tiene una capacidad poco común para divertirse y generalmente contagia su espíritu alegre y divertido. Fascina cuando narra cuentos y su naturaleza cálida y entusiasta le hace revivir prácticamente la experiencia que relata.

Nunca le faltan amigos. Su naturaleza ingenua, espontánea y cordial le abre puertas y corazones. Puede sentir genuinamente las alegrías y los pesares de las personas con quien está y tiene la habilidad de hacer sentir a un individuo importante como si se tratase de un amigo muy especial, y lo es mientras tenga sus ojos puestos en él, o mientras sus ojos no se dirijan hacia otra persona con igual intensidad.

El sanguíneo nunca se encuentra perdido por falta de palabras, aun cuando con frecuencia habla sin pensar. Su franca sinceridad, sin embargo, tiene un efecto desarmador sobre muchos de sus interlocutores, de tal modo que los hace responder a su humor. Su modo libre de desenvolverse hace que los de temperamento más tímido lo envidien.

Al sanguíneo le gusta la gente y detesta la soledad. Nunca se siente mejor que cuando está rodeado de amigos donde él es el alma de la fiesta. Tiene un repertorio interminable de cuentos que relata en forma dramática.

Su modo ruidoso, afable, atropellado, lo hacen parecer más seguro de lo que él mismo se siente; pero su energía y su disposición amable lo ayudan a superar sus problemas en la vida. La gente suele disculpar sus debilidades diciendo: «Él es así».

Generalmente resultan excelentes vendedores, sintiéndose muy atraídos hacia esa profesión. Suelen además ser excelentes actores, anfitriones, predicadores, locutores, animadores, políticos, etc.

En cuanto a ayudar a otros se refiere, los sanguíneos se destacan en tareas hospitalarias. Los doctores sanguíneos están dotados de una aptitud especial para acercarse al enfermo, al cual dejan siempre de buen ánimo como consecuencia de su trato cautivante. La enfermera sanguínea evidencia igual grado de entusiasmo para ayudar a los enfermos, y su radiante sonrisa cuando entra en la habitación siempre tiene el efecto de levantar el espíritu.

Cualquiera sea la actividad a la que se dedique el sanguíneo, siempre conviene que sea una actividad que le proporcione mucho contacto con otras personas.

DEBILIDADES DEL SANGUÍNEO (I)

Indisciplinado y falto de voluntad. La tendencia a ser indisciplinado y su voluntad débil pueden llegar a destruirlo, a menos que sepa vencer estas debilidades. Como son altamente emocionales tienden a ser «manoseadores».

La voluntad débil y la falta de disciplina hacen que les resulte fácil hacerse deshonestos, falsos y poco dignos de confianza. Tienden a cometer excesos y a aumentar de peso, y les resulta sumamente difícil mantener una dieta; en consecuencia, es muy normal que un sanguíneo de treinta años de edad pese quince kilos de más y que siga aumentando rápidamente.

Inestabilidad emocional. El sanguíneo no solo es capaz de llorar por cualquier pretexto, sino que la chispa de ira puede transformarse en furioso infierno instantáneamente. Hay algo consolador en su enojo: no guarda rencor. Una vez que ha desatado su furia se olvida de la cuestión. Los demás no, pero él sí. Por eso es que él no tiene úlceras; se las pasa a los demás.

El egotismo. El sanguíneo lucha constantemente por ser el centro de la atención. Para él todo el mundo es un gran escenario y él es el actor principal. Normalmente él mismo es su personaje favorito.

Un hábito muy sutil del sanguíneo es hacer referencia a personalidades (proyección), haciendo hincapié en su relación con la persona.

Inquieto y desorganizado. Los sanguíneos son tremendamente desorganizados y siempre están en movimiento. Raras veces planifican por anticipado; generalmente aceptan las cosas a medida que se les presentan. Son felices buena parte del tiempo porque raramente vuelven la mirada hacia atrás (y en consecuencia no se benefician de los errores pasados), y raras veces miran hacia delante.

Donde quiera que viva o trabaje, las cosas se encuentran en un desastroso estado de desarreglo. No consigue las herramientas, y las llaves constituyen su ruina, invariablemente se le pierden. Dado su ego, generalmente es exigente para vestirse, pero si sus amigos vieran la habitación donde se vistió, pensarían que alguien ha sido víctima de una explosión.

La inseguridad. Aun cuando su personalidad extrovertida lo hace ver como una persona segura de sí misma en realidad es una persona muy insegura.

Generalmente el sanguíneo no teme el daño personal y a menudo se arriesga a realizar desmedidas hazañas de osadía y heroísmo. Sus temores giran en torno más bien del fracaso personal, el rechazo o la desaprobación de los demás.

Conciencia flexible. Como el sanguíneo tiene la capacidad de convencer a los demás, se gana la reputación de ser el timador más grande del mundo. No le resulta difícil convencerse de que todo lo que quiere hacer está perfectamente bien. Las leyes, reglas y regulaciones son solamente «buenas sugerencias» y pueden ser manipuladas con el fin de lograr ciertas metas. Tiene la tendencia a torcer la verdad o a exagerar.

Para el sanguíneo «el fin justifica los medios» y normalmente el fin es el de él. Es por ello que frecuentemente pisotea tranquilamente los derechos de los demás y pocas veces titubea ante la posibilidad de servirse de otros.

CARACTER FLEMÁTICO / ESTABLE (S)

El perfil en detalle:

La flemática es una persona tranquila, serena, que nunca se alarma y casi nunca se enoja. Sin duda alguna es la persona con la cual es más fácil llevarse y es, por naturaleza, el más simpático de los temperamentos. Para ella la vida es una alegre y agradable experiencia, sin emoción, en la que evita comprometerse todo lo posible. Es tan tranquila y serena que parece no agitarse nunca, cualesquiera que sean las circunstancias que la rodean.

Es el único tipo temperamental que es invariablemente consecuente. Bajo su personalidad tranquila, la flemática experimenta más emociones de las que aparecen en la superficie, y tiene capacidad para apreciar las bellas artes y las cosas buenas de la vida.

A la flemática no le faltan amigos, porque le gustan las personas y tiene un sentido del humor natural y satírico. Es del tipo de persona que puede hacer que los demás se destornillen de la risa mientras ella permanece imperturbable. Posee una capacidad especial para descubrir el lado humorístico de los demás y de las cosas que hacen los otros, y tiene una actitud siempre positiva hacia la vida. Tiene buena capacidad de retener ideas y conceptos. Puede ser una buena discípula.

La flemática tiende a ser más bien una espectadora de lo que ocurre en el medio, y procura no comprometerse mucho con las actividades de los demás. Más aún, cuesta mucho lograr que tome parte en alguna actividad que no sea su rutina diaria.

En general, la flemática es de buen corazón y compasiva, pero raras veces deja traslucir sus verdaderos sentimientos. Sin embargo, toda vez que su interés ha sido despertado, y resuelve poner manos a la obra, sus capacidades de cualidad y eficiencia se ponen de manifiesto. No se ofrece voluntariamente para ocupar la posición de líder, pero cuando se ve obligada a ocuparla, da muestras de ser una líder sumamente capaz. Ejerce una influencia conciliadora sobre otros y es una planificadora nata.

La flemática es una maestra en todo aquello que requiera de una paciencia meticulosa y la presencia de la rutina diaria. La mayoría de las maestras de la escuela primaria son flemáticas. Esto se aplica también al nivel secundario y superior, donde tienen preferencia por las matemáticas, la física, la gramática, la literatura, etc.

Otro campo que apela a la flemática es la ingeniería. Le atraen los planos y los cálculos, es buena como ingeniera civil tanto en estructuras como sanitaria, ingeniera química, ingeniera mecánica, dibujante, estadística, etc. Tienen además excelentes aptitudes artesanales, por lo que suelen ser buenas mecánicas, torneras, carpinteras, electricistas, relojeras, especialistas en cámaras fotográficas y otros instrumentos de precisión.

Suelen también ser excelentes capataces, supervisoras o dirigentes de personal, pues son diplomáticas y no provocan roces.

La flemática es organizada, jamás concurre a una reunión desprevenida o tarde, tiende a trabajar bien bajo presión y es extremadamente confiable. Es frecuente que la flemática conserve el mismo trabajo toda la vida.

Como tiende a luchar con el problema de la inseguridad personal, la flemática puede preferir ocupaciones con beneficios de jubilación u otras seguridades. Por ello le atraen los cargos en la administración pública, en las fuerzas armadas, en funciones de gobierno y otros semejantes. Es raro que la flemática inicie alguna actividad comercial por su cuenta, aun cuando esté capacitada para ello.

DEBILIDADES DE LA FLEMÁTICA (S)

Sin interés, lenta y ociosa. La debilidad más evidente de la flemática es su aparente falta de empuje o de ambición. Si bien pareciera que siempre hace lo que se espera de ella, raras veces hace más de lo necesario. Hace pensar que tiene un metabolismo bajo, o lento, y con frecuencia se queda dormida en el momento que se sienta.

Raramente propicia alguna actividad, y en cambio busca excusas para evitar tener que comprometerse en las actividades de los demás. Incluso su ritmo tiende a disminuir con el paso de los años. La flemática generalmente se levanta temprano, se va a su trabajo o actividad diaria de buen humor, y habiendo cumplido un horario corrido, regresa «completamente agotada».

Con frecuencia duerme una larga siesta, tras lo cual se sienta frente al televisor (que maneja a control remoto), y en el curso de la tarde se duerme y se despierta según los programas. Por último, después de las noticias de la noche, su esposo la despierta y la ayuda a meterse en la cama, donde se duerme profundamente hasta la mañana siguiente. Y esto todos los días invariablemente.

Autoprotección. A nadie le gustan las heridas, y esto resulta particularmente cierto en el caso de la flemática. Si bien no es tan sensible como el melancólico, tiene una piel bastante delgada y, por lo tanto, aprende a protegerse a una edad muy temprana.

Es bastante frecuente que aprenda a vivir como una tortuga, erigiendo un duro caparazón protector que la escude de todo dolor o afrenta externos.

Mezquina y avarienta. Esta es una característica de la que solo pueden dar fe las personas que viven con una flemática, pues su actitud siempre cortés y correcta para con los demás hace que el resto de las personas no se percaten de ella. La flemática cuida cada centavo y actúa como una avara, excepto cuando se trata de comprar algo para sí misma. Normalmente es la que da las propinas más pequeñas.

Terca, terca y terca. Nadie es más terca que la flemática; pero es tan diplomática, hasta en eso, que a la gente le puede pasar desapercibido. Casi nunca se enfrenta con otra persona, ni se niega a hacer algo, pero de algún modo se las arregla para eludir la responsabilidad. Ante una situación familiar, la flemática jamás grita o discute. Se limita a arrastrar los pies o se planta y se niega a moverse.

Indecisa y temerosa. Debajo de la amable superficie de la flemática diplomática late un corazón sumamente temeroso. Esta tendencia a temer le impide, con frecuencia, aventurarse por su cuenta para sacar el mayor provecho de sus potencialidades.

CARACTER MELANCÓLICO / CONSCIENTE (C)

El perfil en detalle:

El melancólico tiene el temperamento más rico de todos. Es un tipo analítico, talentoso, perfeccionista, abnegado, con una naturaleza emocional muy sensible. Nadie disfruta más del arte que el melancólico. Por naturaleza tiende a ser introvertido, pero como predominan sus sentimientos, lo caracterizan una serie de disposiciones de ánimo. A veces lo elevan a las alturas del éxtasis y lo llevan a obrar en forma más extrovertida. Sin embargo, otras veces está triste y deprimido, y en esos momentos se vuelve escurridizo y puede incluso volverse antagónico.

El melancólico es un amigo muy fiel, pero a diferencia del sanguíneo no hace amistad con facilidad. Pocas veces se esfuerza por conocer a la gente; mas bien se limita a esperar que acudan a él. Quizás sea el de temperamento más confiable, por cuanto sus tendencias perfeccionistas no le permiten hacerse a un lado o abandonar a otros cuando cuentan con él.

Su reticencia natural a tomar la delantera no es indicación de que no le guste la gente. Como a todos, no solo le gusta la gente, sino que tiene un gran deseo de ser aceptado por los demás. Las experiencias desalentadoras lo llevan a rechazar a las personas por lo que parecen; por ello tiende a sospechar cuando lo buscan o le muestran atenciones.

Su excepcional capacidad analítica lo impulsa a diagnosticar acertadamente los obstáculos y los peligros de cualquier proyecto en el que participa. Esto contrasta marcadamente con el colérico, que pocas veces ve los problemas o dificultades, pero que confía en que va a poder resolver cualquier crisis que se le presente.

Estas características a menudo hacen que el melancólico no quiera iniciar algún nuevo proyecto o que se vea en conflicto con los que quieran iniciarlo. Cuando una persona ve los obstáculos en lugar de los recursos o metas, es fácil que se descorazone antes de empezar. Dicho de otra manera el melancólico es un pesimista nato.

El melancólico suele descubrir su mayor sentido de la vida entregándose al sacrificio personal. Con frecuencia elige una vocación difícil, que requiera mucho sacrificio personal. Pero una vez que ha elegido, tiende a ser sumamente metódico y persistente en el cumplimiento de la misma, y es más que probable que realice grandes cosas si su tendencia natural a quejarse del sacrificio que significa no lo deprime hasta el punto de hacerlo abandonar totalmente.

Toda vocación que requiera perfección, abnegación y creatividad es adecuada para el melancólico. La mayoría de los grandes compositores, artistas, músicos, inventores, filósofos, teóricos, teólogos, científicos y dedicados educadores del mundo han sido predominantemente melancólicos. La capacidad analítica necesaria para proyectar edificios y concebir proyectos requiere el temperamento de un melancólico.

Por otro lado, también pueden ser artesanos de primera: carpinteros, albañiles, plomeros, horticultores, científicos, abogados, escritores, mecánicos, ingenieros. Pueden ser miembros de toda profesión que proporciona un servicio con sentido humanitario.

DEBILIDADES DEL MELANCÓLICO (C)

Negativo, pesimista y crítico. Las admirables cualidades del perfeccionismo y la escrupulosidad conllevan con frecuencia la seria desventaja del negativismo, el pesimismo y un espíritu de crítica.

Normalmente, la primera reacción de un melancólico ante cualquier cosa va a ser negativa o pesimista. Este solo rasgo limita la actuación vocacional del melancólico más que ningún otro. Apenas se le presenta una nueva idea o un proyecto nuevo, su habilidad analítica se enciende y comienza a imaginar toda clase de problemas y dificultades que en su opinión podrían surgir al poner el proyecto en práctica.

Para la industria esto es una ventaja, porque mediante este rasgo el melancólico puede anticipar los problemas y prepararse para ellos. Pero para él mismo es una desventaja, porque le impide largarse por su cuenta y sacar ventaja de su creatividad. Es raro que una persona predominantemente melancólica inicie un nuevo negocio o proyecto por su cuenta; en cambio, es fácil que sea utilizado por personas menos dotadas pero de temperamento más emprendedor.

El melancólico es capaz de experimentar el «arrepentimiento del comprador» antes de comprar la mercancía, y no como los otros que lo experimentan tiempo después.

Los melancólicos deben luchar constantemente contra su espíritu de crítica, que proyectan tanto hacia aquellos que los rodean como hacia sí mismos, razón por la cual suelen sentirse sumamente disconformes con ellos mismos.

Egocéntrico, susceptible y quisquilloso. El melancólico es más egocéntrico que cualquier otro temperamento, pues todo lo interpreta en relación consigo mismo. Si, por ejemplo, se anuncia en su trabajo alguna nueva disposición, inmediatamente reacciona alarmado pensando que es a él al que quieren agarrar.

Tiende además a compararse con los otros en apariencia exterior, en talento, en intelecto, sintiéndose invariablemente deficiente, porque jamás se le ocurre que se compara con los mejores rasgos del otro y hace a un lado sus puntos débiles.

Este rasgo de egocentrismo, juntamente con su carácter sensible, hace que el melancólico sea muy susceptible y quisquilloso por momentos. Se puede ofender a un melancólico con solo mirarlo.

Vengativo y propenso a sentirse perseguido. El talentoso cerebro del melancólico puede ser terreno fértil para conceptos creativos y positivos, o la fuente de pensamientos perjudiciales. Aun cuando no es tan expresivo como el sanguíneo o el colérico en su enojo, es perfectamente capaz de alentar un rencor de ebullición lenta y de larga duración que se manifiesta en pensamientos vengativos y en meditaciones de autopersecución.

Si se alienta esto por un tiempo suficiente, el resultado puede ser que se transforme en un maniático depresivo o por lo menos que explote de ira, de un modo que resulta enteramente distinto de su naturaleza normalmente suave.

Las líneas negativas de pensamiento hacen que el melancólico tome decisiones poco realistas.

El noventa y cinco por ciento de las veces su línea de pensamiento vengativa y opresiva saca el problema fuera de toda perspectiva.

Temperamental, depresivo, antisocial. Una de las características más prominentes del melancólico se refiere a los vaivenes de ánimo. En algunas ocasiones se siente transportado a tales alturas que obra como si fuese un sanguíneo, y en otras se siente tan deprimido que quisiera deslizarse por debajo de las puertas.

A medida que aumenta en años, aumentan los momentos de insatisfacción, amargura y depresión, a menos que haya aprendido a autocontrolarse.

Legalista y rígido. Ningún temperamento es tan susceptible a ser rígido, implacable e intransigente, hasta el punto de ser totalmente irrazonable, como el melancólico.

Es el mártir natural de su causa. Es incapaz de falsear la información en los formularios de impuestos o cualquier otro. Es intolerante e impaciente con los que no ven las cosas como las ve él; en consecuencia, le resulta difícil formar parte de un equipo y con frecuencia se desenvuelve solo en el mundo comercial.

Impráctico y teórico. El melancólico es un idealista, por lo que a veces tiende a ser impráctico y muy teórico, por eso le convendría someter siempre sus proyectos a la prueba de la viabilidad y asociarse con personas de otro temperamento que se complementen.

COMBINACIÓN DE TENDENCIAS

Cuando hablamos de perfiles de personalidad, nuestra experiencia ha sido que nadie tiene un solo perfil. Generalmente, uno tiene una combinación de ellos. Aquí, nuevamente, Antonio Sánchez Martínez nos ayuda con un cuadro muy interesante:

COMBINACIÓN DE TEMPERAMENTOS	ASPECTOS POSITIVOS	ASPECTOS NEGATIVOS
D-I	EXTROVERTIDO	HOSTIL
COLÉRICO - SANGUÍNEO	MUY ACTIVO	IRACUNDO Y RESENTIDO
	PROMOTOR Y VENDEDOR NATURAL	IMPACIENTE
	GRAN MOTIVADOR	SARCÁSTICO
	SEGURO DE SÍ	ATROPELLA A LA GENTE
	MUY INDUSTRIOSO	AUTOCRÁTICO Y DICTATORIAL
D-C	CAPAZ	SARCÁSTICO
COLÉRICO - MELANCÓLICO	MINUCIOSO	HOSTIL
	DE METAS DEFINIDAS	RESENTIDO
	DECIDIDO	
D-S	MUY CAPAZ	TERCO
COLÉRICO - FLEMÁTICO	ORGANIZADO	NO RECONOCE SUS ERRORES
	OBJETIVOS CLAROS	PUEDE GUARDAR AMARGURA
	BUEN TRATO PARA LOS DEMÁS	
	BUENOS ADMINISTRADORES	
I-D	MUY EXTROVERTIDO	HABLA DEMASIADO

SANGUÍNEO - COLÉRICO	CARISMÁTICO	EMITE OPINIONES INFUNDADAS
	ENTUSIASTA	ENOJADIZO PRESTO A LA ACCIÓN
	ORIENTADO A LOS DEMÁS	DÉSPOTA
	DOTES DE VENDEDOR	JUSTIFICA SUS ACCIONES
	RESOLUCIÓN	
	PRODUCTIVO	
	MEDIANAMENTE ORGANIZADO	
	DEPORTISTA	
I-C	MUY EMOCIONAL	FLUCTUANTE
SANGUÍNEO - MELANCÓLICO	SIENTE LOS PESARES AJENOS	MUY CRÍTICO
	FANTÁSTICOS MAESTROS	DEPRESIVO
	PERFECCIONISTAS	ENOJADIZO
	DON DE GENTES	TEMEROSO
I-S	MUY CARISMÁTICO	FALTO DE DISCIPLINA
SANGUÍNEO - FLEMÁTICO	ALEGRE Y ENTRETENIDO	FALTO DE MOTIVACIÓN
	QUERIDO POR LA FAMILIA	POCO SERIO
	HACE REÍR	
S-I	SIMPÁTICO	TIENDE A PERDER EL TIEMPO
FLEMÁTICO - SANGUÍNEO	DIPLOMÁTICO	FALTO DE DISCIPLINA
	ALEGRE	TEMEROSO E INSEGURO
	COLABORADOR	SOLITARIO

	DE CONFIANZA	
S-D	BUEN OIDOR	FALTO DE MOTIVACIÓN
FLEMÁTICO - COLÉRICO	BUEN TRATO CON LAS PERSONAS	TEMEROSO
	PACIENTE	OBSTINADO E INFLEXIBLE
	DE CONFIANZA	PASIVO
S-C	REPOSADO	TEMEROSO
FLEMÁTICO - MELANCÓLICO	AGRADABLE, SUAVE	EGOÍSTA
	CONFIABLE	NEGATIVISTA
	SENCILLO	CRÍTICO
	PACIENTE Y MINUCIOSO	
C-I	SIMPÁTICO	TIENDE A PERDER EL TIEMPO
MELANCÓLICO - SANGUÍNEO	SENSIBLE AL ARTE	MUY CRÍTICO
	ANALISTA	IDEALISTA E IMPRÁCTICO
	ESTUDIOSO	INSEGURO, TEMEROSO
	SE LLEVA BIEN CON LA GENTE	AUTOIMAGEN POBRE
C-D	AMPLIA GAMA VOCACIONAL	DIFÍCIL DE COMPLACER
MELANCÓLICO - COLÉRICO	LIDERAZGO	NEGATIVO
	INICIATIVA	SE DEPRIME CON FACILIDAD
	PERFECCIONISTA	EXCESIVAMENTE METICULOSO
	ANALISTA	MUY CRÍTICO
C-S	POCO HOSTIL	SE DESANIMA FÁCILMENTE

MELANCÓLICO - FLEMÁTICO	SE LLEVA BIEN CON LA GENTE	MUY NEGATIVO
	TALENTOSO	RENCOROSO Y VENGATIVO
	PERFECCIONISTA Y EFICIENTE	ANSIOSO Y TEMEROSO
	CAPAZ	TERCO Y RÍGIDO
	COMPETENTE	